Angel Francisco Fanarraga Valenzuela

Blason

Angel Francisco Fanarraga Valenzuela

Blason

poeta y soñador

JustFiction Edition

Cover image: www.ingimage.com

Publisher:
JustFiction! Edition
is a trademark of
International Book Market Service Ltd., member of OmniScriptum Publishing Group
17 Meldrum Street, Beau Bassin 71504, Mauritius

Printed at: see last page
ISBN: 978-613-9-42344-6

RECOPILACIÓN DE LAS OBRAS

DE

BLASON

LIMA-PERU

Introducción

Hola amigos!, deseo presentarles en este pequeño compendio un resumen de mis creaciones que llevo escribiendo desde hace aproximadamente 20 años.

He querido juntar en el los que a mi modesto modo de pensar son los indicados para ser introducidos en mi primera publicación, si Dios y la suerte asi lo quisiere.

Espero que aquello que llevo escrito hasta la fecha haya saciado de algun modo aquello que siempre quise formular, mas alla del amor sublime y maravilloso, tambien quise plasmar aquello que no deseamos publicar y que de una forma u otra es la parte "no bella" del amor.

Quiero darle las gracias tambien a una persona que hizo posible la transformación de estas obras y recae en la persona de don Carlos Valenzuela Aburto a quien le estare agradecido muy dentro de mi corazon.

el Autor

GRABADA EN MI ESTAS

Ya no hay misterio alguno
ni tretas en medio del hastió,
llevo tu nombre en el altillo
de aquel amor que es bendito.

No espero que dudes de mi
en tertulias de llamados ajenos,
tu llevas el nombre del reino
de aquel que esclavo me siento.

Aquellas letras su lugar mantienen,
no habrá intruso que lo inquiete
ni arrebatos que dios detiene.

Quedaste grabada para siempre,
silabas enlazan mana de dioses
y amas al hombre, que aun
...no conoces.
BLASON

QUIERO QUE SEPAS

Quiero que sepas querida mía
que no hay momento de distracción,
horas perdidas me mortifican
cuando no hallo tu confesión.

Llevo el compás de mis angustias
trato de menguar mi irritación,
pasan minutos de mi desdicha
ratos perdidos de puro amor.

Quiero que sepas querida mía
que llego el día de nuestra unión,
fuimos pacientes en horas idas
aumentan ansias del corazón.

Llegan agujas a su destino
marcan la hora de furtivo amor,

somos clandestinos de nuestras vidas
aunque nunca escondemos, loca pasión.

Quiero que sepas querida mía
lo que se siente en rauda acción,
voy presuroso sobre tus brazos
me siento caliente... hace calor.

No sostendré por mucho tiempo
a esta llama, llena de pasión
pronto tendré refugio hiriente
cuando me dejes... loco de amor.
BLASON

MI DELICIA

Son las letras de tu nombre bello
sinfonía de ruiseñores en mi mente
callados el ruin aun presente
para sentir mi eco en pleno destello

Nombrarte para mi es dicha eterna
llamarte en sueños es mi meta
no hay aquel que en mi dormir se entrometa
y nadie podrá romper de mí, la rima.

Amada mía, iluminas mi vida con tu presencia
son tus ojos la luz de mi dicha plena
es tu sonrisa que me dará vida eterna.

Amada mía, tu que lejos y cerca estas
no te apartes de mis días oscuros
ni de mis noches que ahora...son duros.
BLASON

TU FRAGANCIA

Quiero sentir en mis sueños
la dulce fragancia de la rosa
quisiera sentir en mi lecho
el suave cúmulo de tu prosa.

Me enamoras en dulces cuartetos
me inundas con tus bellas odas

delicada musa y bella poeta
que llegas dentro de mi ser.

Quisiera ser tu pluma diestra
que te susurra al oído palabras
que llegan dentro de mi alma
y dejan henchido mi corazón.

Llenare mi olfato del aroma tuyo
que llega a través de los mares
podré embriagarme de ese sabor tuyo
con cada letra que a mi...escribes.
BLASON

HOY QUIERO CONFESARME

Aunque las miradas hablan
y mis caricias se delatan,
quiero confesarte mi cariño
quiero confesarte...mi desgracia.

Aunque mi tacto sea mezquino
y mis palabras muy cursis,
quiero decirte amor mío
quiero decirte...mi desesperanza.

Aunque el sollozo sea eterno
y mi palpitar sea perenne,
debo exclamarte mi dicha
debo reclamarte...tu falta.

Aunque mi sonrisa sea tuya
y mis plegarias sean lastimeras,
quiero decirte que me extrañas
quiero decirte...que no me amas.
BLASON

EL REMITENTE

Dices que no existen cartas
que anuncien mi llegada,
quizás la dirección no data
de la morada que habitabas.

Quizás la memoria esquiva

esconda las cifras erradas,
yo vivo donde me amabas
ahí donde tu…te alejabas.

Debes leer con la paciencia
aquella que siempre faltaba,
esta a tu alcance letras doradas
donde un día, divisabas el alba.

El remitente esta en letra clara
es la dirección que tu antes dabas,
yo cohabito con la luna plateada
y tu le alojaste, cuando menos esperaba.
BLASON

NUEVO AMANECER

Hace ya muchos años,
cuando la desesperación ambigua
de momentos y desacatos
de rivalidades y disputas
al separarme de una mujer
he comprendido quizás
que no se debe jurar
que no te volverás a enamorar.

Hoy te conocí,
vecinos cercanos y lejanos
que se encuentran a los años
después de haber navegado
en busca de lo deseado
sin darnos cuanta
que aquel amor tan sano
lo tenemos de nuestro lado.

Quedaron atrás noches de llanto
de angustia y recelo
hoy comprobé que no hay revuelo
por que con este amor que siento
no sé si seré abuelo
ni se si seré anciano
pero para el querer
no hay época ni edad
puedes amar hasta la saciedad
y ella…te esperara.

Gracias por llegar a mi vida
por llenarme de momentos gratos
aun tenemos para rato
solo espero no tardes mucho
por que ganas tengo ya
de tenerte…entre mis brazos.
BLASON

MI PEQUEÑA HECHICERA

He de beber de tu brebaje
aquel que preparaste para mi,
sucumbiré ante tus brazos
y se unirán los lazos para ti.

Surte efecto en mis dominios
bravío caballero dejo su fuerte,
ahora como simple mozalbete
te rinde un largo homenaje.

No se si exista hechizo alguno
no se si hubo trampa en lo nuestro,
solo se que se divisa un sendero
que solo esta compuesto para mi.

Tu, mi pequeña hechicera...tu
que de artificios te has valido,
aquí me tienes ya convencido
de que de amor por ti...solo existo.
BLASON

TODO PARA TI

Pretendes decirme que mezquino
que el amor mío no demuestro
que suenan vacíos mis te amo
y que saben ácidos mis besos.

Quieres hacerme creer que dudas
que no sientes el querer mío
que solo puedes ser un juego
alguien con quien entretenerme.

Piensas que mis brazos devanean
que mis caricias no son sensibles
que mi accionar es muy previsible
que es fingido lo que te escribo.

No se que decirte para que me creas
si el amor que tengo es solo tuyo
y no lo comparto ya con nadie
pues mis hijos he dejado, te lo daré
...solo a ti.
BLASON

AMISTAD Y AMOR

Hoy que se celebra con ahínco
el sentimiento más puro
el amor se anida en tus sentidos
y el anuda tu corazón.

Hoy que las flores transitan
y los regalos se agolpan en el portal,
debes entender que no es menester
que el objeto hable por tu querer.

Hoy que las tarjetas abundan
quizás con letras que deseas leer,
debes acompañarlas con tu proceder
y que no sean solo un parecer.

Hoy que es día de los enamorados
y que tu amigo o tu amor se regocija,
hazle sentir que no solo hoy día
es el ser mas importante en tu vida.

Hoy que la celebración se acerca
y que el traje llevaste a planchar,
no olvides que antes de querer bailar
debes a ella con todo el alma
...siempre amar.

BLASON

TE AMO

Te amo.
Y no son versos trillados
que escuchas de segunda mano
de aquellos libros apilados
de los poetas consagrados
desde los tiempos pasados
por eruditos y por sabios.

Te amo.
Y no son líneas repetidas
por enamorados asolados
de un sentir apasionado
y el querer tan sobrehumano
por la mujer que a llegado
a un lugar ya consumado.

Te amo.
Y no son palabras fabricadas
o quizás estandarizadas,
que por siglos han calado
sobre las mentes de los hombres
y que repiten sin razones
para copar las situaciones
de aquellos besos de mil sabores.

Te amo.
Y no son letras arrumadas
sobre un papel de mala gana
ni de la tinta perfumada
para la rosa que hoy te acosa
de tantos mimos que me arropa
cuando mi sueño es poca cosa
si a su lado, veo la aurora.

Te amo.
Y no omito silaba alguna
así lo haya escrito las mil y una,
pero en esta prosa quiero dejarte
en esas palabras que ya escuchaste,
que sos la musa de mis mañanas
y la cortesana de mis andanzas,

y no son palabras mal usadas
solo son líneas, de quien te ama.
BLASON

ENTRE EL CIELO Y EL INFIERNO

En medio de cauces adversos
sumidos en huaycos y tormentas,
aflora la sensación que enamora
a Lucifer, que es su deshonra.

Atraído por remolinos lastimeros
con tropiezos que dejan sin aliento,
estira su mano con leve portento
aquel Dios, que proclama amor eterno.

Llevado por olas de zinc y azufre
del viejo caldazo que el diablo atribuye,
con suave suplido el fuego extingue
el padre que cuida, las almas comunes.

Rezagos aumentan el llanto inmune
con esa vileza el mal restituye,
pero el todopoderoso con amor destruye
los vanos intentos que por caricias rehuye.

Así son nuestras vidas casi aciagas
por aquel ahínco que la virtud socava,
existirá el infierno que a rastras asume
pero es más fuerte el cielo, que con amor
... lo destruye.
BLASON

COMO UNA ROSA

Siento tu piel de seda en mis manos
como la suavidad de una rosa
es tan sumisa y delicada
que me transporta en su contacto.

Es tu cuerpo el más bello encanto
que me nubla completo los sentidos,
quiero tenerte en mi cada momento
quiero sentirte aunque no sea eterno.

Dame de tu néctar, amada mía
que tus caricias son ya mi alimento
necesito del polen de tus cimientos
deseo el jugo de tus labios bellos.

Entrégate a mi, flor de mis ensueños
que no despierte mientras yo te sueño
por que si bien estamos cerca y lejos
así te tendré...aunque me haya muerto.
BLASON

CREE EN MI

Hay en mis palabras realismo
un afán de entenderme a mi mismo,
hay en frases que salen del olvido
quizás oraciones que hablan por si mismo.

Hay en mis decires tal franqueza
de ese amor que siento bella perla,
hay dichos que vienen de la infancia
que provocan angustia y lo omito.

Hay sensaciones quizás no gratas
y relatos que evitas de mal agrado,
es la vida del hombre que amas
que reseña su existir, rosa preciada.

Hay enunciados en forma de escarlata
y narraciones con mística barata,
no son obras escritas por aquellos
que hoy al amor le entregan su alma.

Hay desilusión quizás en tu recuerdo
memoria que evitabas en tus ansias,
somos hoy el futuro que esperabas
deja ya el presente... que se apaga.
BLASON

TE AMO

El sonido de la declaración expresa
quizás recodos de la voluntad serena,
es un sentir que poco profesa
aquella emoción que dicen las letras.

La melodía de canciones añejas
ubican el querer de manera correcta,
mas no es completa edición electa
y sigue aumentando mi sentir por ella.

Aquellos poemas de versos y muestras
las bellas elegías por los bates expuestas,
no cubren definición de amor en cubierta
es solo mezquino, de la virtud compuesta.

Escriben algunos de aquello que encuentra
en cada caricia que las parejas ofrezcan,
sin tantas palabras que confusión demuestran
con un " te amo" la respuesta
... es honesta.
BLASON

ME ENAMORE

Es cierto.
Llego el amor hasta mi puerto
en pequeña fragata destartalada,
quise evitar lo que siento
debí ahuyentarlo y no quiero,
hoy lastima su falta mi corazón
y llena de orgullo latente
de solo escuchar su voz.

Es cierto.
Llego en otoño su majestad
envuelta en capa de doncella
no quiso mezclar linaje
mucho menos herir mi honor,
me dijo" te daré todo mi amor"
y yo recojo... lo que me dio.

Es cierto.
Arribo la emoción faltante

en esta vida tal vez rotulante
o de costumbres añejas y astiantes,
mi bella dama hoy llena instantes
en pleno recorrido errante
de este corazón ajeno
a este amor... que hoy siento.

Es cierto.
Hoy me enamore en un instante
con ese caminar insinuante
en pleno parque iluminado,
miedo tenia de ser asaltado
por las miradas de presentes,
robarme quizás lo hallado
y tener que seguir...deambulando.

Es cierto.
Llegaste tu, figura deslumbrante
de una ciudad quizás abundante
donde abunda el vino y las artes,
mas tu eres creación desbordante
de un ser que merece apreciarse
gracias a tu madre debo darle
por traerte al mundo
... bella andante.

Es cierto.
Tu camino hoy has detenido
de la búsqueda del amor asistido
de tantos años de sequía y de olvido,
ahora la ruta merece destino
de amantes que juran quererse
hoy selle la razón existente
de que el amor
... esta presente.
BLASON

TE AMARE

Ya la decisión tomada en mi esta
de aquella ocasión asumida breve,
reseñas de un amor que tiende
a este amor que solo se extiende.

Huía quizás en falso presente

temor de futuro que se vierte,
quiero luchar aunque mucho cueste
debo amarte, a tener que perderte.

Ya las acciones rumbo tomaron
pesquisas de un don Juan apremiado,
conquistarte debo en el acto
y miedo he de tener, al rechazo.

Mas no hay batalla perdida
que aquella que no fue luchada,
tendré atención de dama apreciada
y de a poco el amor, de dama afanada.

He de amarte querida e ilustrada
de ese rubor que tu rostro emana,
esperan caricias de manos ufanas
de mostrarte emociones, ajenas y extrañas.

He de amarte mi dulce encantada
embrujo de amor se cierne a mis anchas,
un día seré tu guardián del alma
mañana seré tu amante... en la cama.
BLASON

DEL VERBO... AMAR

Conjugo en tiempo abstracto
en renglones de versos preciados,
aquellas palabrae que aun no usamos
aquellos que el sentir han obviado.

Grafican en líneas inspiradas
acciones que la mente le presta,
en actos fingimos las ansias
de un querer que viene dispuesta.

Aleccionan a otros en sus batallas
por un sentir que quieren sin mella,
no llevan heridas en las espaldas
no tienen caricias en sus cuentas.

No basta con teorizar el anhelo
no es suficiente querer sin quererlo,
debemos conjugar el verbo correcto
de aquel amor, que aspiras

... en su momento.
BLASON

TE ENTREGO MI VIDA

Quizás en ceremonia deba
en medio de sala opulenta
entregar mi vida a la doncella
que supo amar a mi faceta.

Tal vez anunciar al mundo deba
quien es la dueña de mi ofrenda,
aquella mujer que esta dispuesta
a domar león, en plena faena.

Los concurrentes deben saberlo
no es menester de gran misterio,
aquella rosa de aroma incierto
supo ganarse muy bien el puesto.

Al fin discurso declamo presto
con las palabras de corazón expreso
ella alivio aquel mal congénito
de falta de amor, que tu arribo
... ha desierto.

Ahí van los comentarios ajenos
que algunos aprueban amor sincero,
mas no importa lo que murmuran
por que a quien amo
... le suena cierto.
BLASON

MIRAME A LOS OJOS

Mírame a los ojos
directo y sin tapujos,
aclarando estos misterios
del amor que hoy sentimos
que es mana puro y divino
que no allá razón en lo vivido.

Mírame a los ojos
claro y conciso

con esa forma que me haz dicho
que es solo cariño fortuito
que solo nace buscando olvido
de un daño pasado nocivo.

Mírame a los ojos
sin reservas y sin apremios
con dulzura y amargura
con tristeza y alegría
que este amor no es manía
ni costumbre del día a día.

Mírame a los ojos
sin vergüenza y sin reproches
que este querer es de los dones
que nos dio el padre mismo,
es un manjar bello y divino
que los mismos dioses han convenido.

Mírame a los ojos amada mía
mírame con caricias y deleite
mírame con embeleso y afán
mírame con ternura y calma
mirame…
BLASON

SONIDO Y SILENCIO

Quien busca sobre riachuelo
sobre aguas que no decaen,
silencio en tosco recorrido
quien calla a piedras reinantes.

Quien busca silbido del pajarillo
con callado tono misterioso,
como le cantaría al otoño
como les hablaría a cada bisoño.

Quien pediría en guerra inútil
en cada misil que el hombre dispara,
tronar sobre tierra y gemido calla
no reza a sus muertos, silencio escapa.

Quien pediría al mar desconfiado
que sus olas mellaran su llegada,
suave manantial de aguas relaja

al pescador que admira sus anchas.

Quien no siendo amado y querido
en plena sesión de amor y cariño,
le diga a su amada que calle el sonido
de esa pasión que dios...ha traído.
BLASON

LA CARTA DEL ADIOS

Hoy quise con apremio incorporado
escribir misiva dolosa,
no es cualquier cosa
si el adiós esta incluido.

Se que el sollozo es necesario
descargar emociones infinitas,
quizás un hasta pronto remedie
el dolor que acompaña mi desdicha.

Es cuestión de esperar oraciones
sin insultos que agravien despedida,
no es razón que apene tu partida
si alejarte decides, niña mía.

No habrá piedras en tu camino
ni baches que enloden tu decidía,
buscaras el amor en otros lares
conmigo se queda, tu cariño.

He de escribirte lo que siento
no habrá ruego que apene tu partida,
una lagrima acompañara esos pasos
que jamás estarán... en mi vida.
BLASON

LA PAZ Y EL OLVIDO

A que debo tamaña insistencia
de una razón ya proclamada,
la ausencia de amor ya reclama
separación de almas acongojadas.

En que radica perseverancia vana
de una unión que el tiempo daña,

existió el error de mal acaecido
de infidelidad, por ti cometido.

No hay causas que me abrumen
quizás el dolor que a lo obvio acude,
mas sensata la mente alejarme pide
de aquella mujer que la maldad reprime.

A que debo el honor de tu presencia
después de un adiós de forma discreta,
no hay sanación ni brujo que sepa
curar indignación, que la muerte... espera.

Deja ya en el umbral señalado
aquellas cartas que mis ojos evitan,
solo son palabras de rutina exigida
solo son mentiras que tu arte... te brinda.

Dame ya el sosiego que es merecido
deja ya la canción que sabe repetido,
tu buscas la paz donde hubo heridos
yo busco olvidarte, por que el amor
... lo haz perdido.
BLASON

YA NO TE AMO

Porque negar lo sucedido
porque obviar lo ya sentido,
sentires ajenos han perdido
aquel afán ya permitido.

Por que insistes en saberlo
porque reniegas del momento,
este querer navega con el viento
casi contrario al camino incierto.

Por que recuerdas el daño pasado
por que atraes necedades a tu diario,
esperas palabras que quizás hagan daño
de estos labios que besaste en antaño.

Por que rebuscas soluciones sabidas
por que reprochas la verdad acaecida,
perdiste el sentir de quien mas querías

ahora ufanas la necesidad mas urgida.

Por que rebrotan las frases heridas
por que deseas mi sinceridad infinita,
quizás el amarte es menester mía
pero tal vez dejarte, aunque pierda
... la vida.
BLASON

DE MI... TE HAS OLVIDADO.

Lo sé,
no hay recuadros existentes
ni retratos en tus huestes
de aquel amor tan incipiente,
ya moras en futuro y presente
con ahínco y mas elocuente
para poder olvidarme fuertemente.

Lo se,
no hay memoria mas ufana
ni la mente mas acaparadora
en sesiones de amor y honra,
soy testigo de desdén amargo
desde el día que dejamos
de sentir, lo que amamos.

Lo se,
no hay gabinete mas ajado
lleno de polvo y maltratado
sobre el ático y en tu armario,
soy recuerdo de mal agrado
de aquellos que hay que borrarlos
de la piel... y de sus años.

Lo se,
que la culpa llevo en el fuste
en los meses que compusiste
tantos versos de puro embuste,
soy la imagen de lo descaro
de la mentira y de lo huraño
y me reservas... infierno largo.

Lo se,
se que de mi te haz olvidado

de aquellos besos que abordamos
en precoces meses de frecuentarnos,
dolo quedan huellas de hiel amarga
de una hiedra que se te escapa
y que dejas marchar, aunque te parta
... el alma.
BLASON

YA LE DIJE ADIOS

Ya le dije adiós
y no hay lágrimas en mi rostro
ni un ápice de esperar retorno,
yo vi franqueza en su entorno
y no hay lamento que suene a oprobio.

Ya le dije adiós,
mas es difícil superar faena
con la melancolía que no es ajena,
supe quererla en días que estrena
un nuevo amor...que busca ella.

Ya le dije adiós,
y no hay reparo en sus palabras
ni remendar lo que me falta,
quizás el daño que me esperaba
sea su ausencia... mientras se marcha.

Ya le dije adiós,
y la metáfora ya no me sirve
ni la analogía de lo indecible,
encontró el amor en otro limite
y rompió los hitos... fue increíble!

Ya le dije adiós,
y en estos versos se lo explican
con poca rima y acentuación estricta,
no supo amarme mujer de licra
y me asfixio... cuando la quería.
BLASON

AQUELLA NOCHE

...ESTA NOCHE

Esta vida absurda va conjugando
noches que llevan melancolía,
llegaste de madrugada a mi vida
y al anochecer partes un día.

Ironías baratas que me retrasan
facetas de este mundo timorato,
llega el amor cuando tienes tacto
pero lo pierdes...por olvidarlo.

Cuando aprenderemos de los errores
que nos empujan a la soledad extrema,
acusamos al destino cuando amamos
y a el mismo cuando el querer...ignoramos.

Ay noche que atestiguas los amores
hoy me niegas la tertulia esperada,
quizás será por que llega retrasada
o por que un día, perdí a mi adorada.
BLASON

CASI

Redundantes en mis deseos
repetitivo en mis ansias,
como podré aplacarlas
si mi sentir es a mis anchas.

Quiero sostenerme siempre
bajo la sombra de la esperanza
pero más es la luz de la desdicha
que la aleja mas de mi falda.

Como detenerla en su momento
sin apremios ni roturas vanas,
ella es la flama de mi vergüenza
es la dueña de mi labranza.

Yo iré por ti a donde vayas
no dejare a medias tus andanzas,
no quiero recordar que por un casi
te pude perder…mientras descansas.

BLASON

QUIEN ERES TU?

No quiero ya tus falsas excusas
ni siquiera escuchar tus razones,
alejaste de mí mil amores
robándole a mis brazos su cariño.

No deseo escuchar más mentiras
menos aquellas causas tan absurdas,
dijiste que era una perdida
cuando tú sola te maldecías.

¡Basta ya de tantas calumnias
no quiero oír más falsedades,
déjame llorar de ese amor perdido
que me arrancaste en un instante.

¡Basta ya! Ten piedad de mí
deja que me consuele con mi devenir,
por que lo que pronto esta por venir
ni aun con el daño que me hiciste
...lo deseo para ti.
BLASON

GRITO DE AUXILIO

No hay pausa en mi desespero
ni brecha en mi lamentación,
fuiste culpable de mi desazón
te llevaste mi vida, con tu adiós.

No existe día que no pronuncie
no hay minuto que no te llore,
fue quimera el amor de los dos
tu partiste, llevándote el amor.

No escuchaste jamás mi confesión
no quisiste prestarme atención,
gritos desesperados con intención
esos gemidos, los dio mi corazón.

No tienes compasión, eso lo asumo,
no quisiste esperar, fue tu decisión,
jugaste con la verdad y la razón
llenaste de charco... mi corazón.
BLASON

TU ERES CULPABLE

Tu eres la culpable,
si, tu,
de tenerme así, derretido y agobiado
por la falta de tus besos
y por tenerte cada vez mas lejos
y aunque el amor es inmenso
la lejanía destruye
espero que no consiga
lo que el persiga.

Tu eres la culpable,
que este amor me este consumiendo
que me eleve a los cielos
que me convierta en esclavo
de tus manos y tu cuerpo
de tus suspiros y de tu aliento
que quiero sentirlo muy dentro.

Tu eres la culpable,
que solo tu nombre mencione
que son cinco letras que avasallan
y que mi alma debilita
y mis brazos ya se cansan
de permanecer extendidos
y a mi puerto aun no llegas
era solo una gaviota
que traía tus recuerdos.

Tu eres la culpable,
si, la culpable
de este amor
...que siento por ti.
BLASON

NO PUEDO

No hay remedio alguno
cuando la presión es infame,
no puedo sosegarme
mucho menos desahogarme.

No encuentro salida alguna
cuando extrañarte es mi calvario,
deberé meditar este legajo
que me dejo tu amor ingrato.

No se por que este sufrir
mucho menos el llanto en demasía,
puede ser mi corazón enfermo
que llora desde que te perdí.

No puedo con este padecer
de aquel adiós que me ha matado,
murieron las esperanzas del pasado
murieron las metas...que he trazado.
BLASON

CORAZONES RAZGADOS

Quebrados por tanta injusticia
por aquellos que maniatan nuestro amor,
no debemos sentir compasión
cuando defendemos con honor.

Inútiles actos de cobardía
intentos vanos de romper relación,
ahora podrán ver nuestras heridas
pero jamás la derrota de este amor.

Ya no insistan en devaneos absurdos
en manotazos de ahogados con frustración,
ya hemos llegado al frenesí de caricias
ya complementamos al fin nuestra unión.

Pronto la ley bendecirá este romance
aquello que por poco rompió la desazón,
aun tenemos sentimientos divinos
aunque este en pedazos... nuestro corazón.

BLASON

CALLA

Calla,
no aumentes mas mi agonía
con palabras que siento frías,
ya despediste mis alegrías
echando el afán de cada día.

Calla,
que tu decir resiente mi ego
inventando cosas que yo no siento,
tu fuiste culpable y lo lamento
de aquel amor, que ya no tengo.

Calla,
que la felicidad me destruiste
con la infidelidad que cometiste,
dejaste mi alma herida y triste
maldigo el día...en que naciste.

Calla,
que es mas sutil la soledad ida
lleno de suplicios y mentiras,
basta ya de tantos sufrimientos
y acomoda ya, mi mundo entero.

Calla,
no juegues más con mis sentires
ni con este querer que aun siento,
hoy ha muerto aquel sustento
que mantenía mi vida, con juramentos.

Calla,
que mi corazón por ti se daña
y el engaño de a poco me mata,
calla y muéstrate al fin sensata
y no vayas contando
...tu gran hazaña.

Por dios
...calla.
BLASON

YA ES TARDE

Ya es tarde,
la noche su manto extiende
el sol, su timidez esconde,
se doblega, no lo oculta
ante la luna,
que de hermosura disfruta.

Ya es tarde,
la hora consume las ansias
y el tiempo afloja la esperanza,
desperdicia horas de mimos
y quizás lo reprenda
como si fuera un niño.

Ya es tarde
las estrellas ya bailan
bajo la mirada de los astros,
no escucho los pasos deseados
quizás ha buscado
evitar su pasado.

Ya es tarde
no quiere el murmullo diario
de las voces que lo han juzgado,
prefiere el exilio equivocado
que tener que atender
amores malinterpretados.

Ya es tarde
a que merced se tambalea
y a que poder ha sucumbido,
el dijo que se veía confundido
y al parecer su tardanza
a sus temores...ha obedecido.
BLASON

COMO LLAMARLA

Cuando la madrugada cabalgada
con su trote me ha vencido,

quise encontrar el sentido
de un llamado que esperaba.

Días llevo en mi desdén fatuo
ratios de ansias me consumen,
no llama su merced, que desgracia,
no quiere escuchar mis desgracias.

Que habrá pasado con aquella
que devolverme la cortesía debía,
dijo que no apurara su llegada
pero llevo fechas que no narra.

Ya no se si esperar valdría
aquel sonido que no se descarta,
ella quiso engañarme, quien sabe,
ella no llama...es mi desgracia.
BLASON

YO BUSCO REVANCHA

Yo busco revancha en las lides
de aquellas que ya me venciste,
humillaste masculinidad en mi ego
derrotando al rey de los fuegos.

Fuiste alumna en mis fueros
llenaste de lecciones tus encuentros,
ahora sucumbo ante tus yerros
que de apoco tu al fin destruiste.

Aquella noche que me seducirte
en medio de un calor que construiste,
tumbaste al rey que erigiste
y hoy yace cansado en confines.

Yo quiero revanchas temprana
no quiero demoras en mis fines,
espero que el día me alcance
y no terminar...sobre narices.
BLASON

ANGEL O DEMONIO

A veces pienso
cuando la soledad acude,
que pregono sentimiento
que la voluntad asume,
mas son obvios los yerros
que mi carácter descubre,
con una mano acaricia
para que el sentir estimule,
y con la otra destruye
con la agresividad que presume.

Soy quizás tu sosiego
y la bondad de tus días,
son alianzas nocturnas
que nuestros cuerpos disfrutan,
con esa mezcla perfecta
de esa pasión que acumula,
pero hay misterio ajeno
que en la oscuridad se pronuncia,
la agresión es un hecho
que a tu cuerpo magulla.

Soy el ángel deseado
que en tus sueños pedías,
con esas caricias diarias
que me mantienen con vida,
y con frases orladas
de su poeta en la cumbre,
le dedica odas preciadas
con las letras que descubre,
en ese corazón que reclama
y su doncella…sucumbe.

Soy el demonio inesperado
que su descanso consume,
es tan reacio a lo obvio
que su ferocidad lo resume,
y no entiende razones
cuando su ego descubre,
que es odio el sentimiento
que a su merced retribuye,
hoy se muestra impotente
porque su cuerpo…destruye.
BLASON

DIME LA VERDAD

Dime la verdad,
olvida si tus palabras me lastiman
que la lastima te domina,
no permitas que el dolor omita
que debas decir la verdad.

Dime la verdad,
quítame esta angustia perenne
que mi alma su fe casi pierde,
no dejes que la compasión te apremie
y el daño su raíz no detiene.

Dime la verdad,
no escondas ni omitas palabras
por evitar que produzcas migrañas,
salva el afán que delata
esta sensación de mentira, que mata.

Dime la verdad,
no juegues con mis ansias
ni abrumes mis esperanzas,
quiero saber que relatas
y saber si el amor
...aun me hace falta.
BLASON

REVANCHA PERMITIDA

No debo reprochar actitudes
arrastradas por la angustia,
fuiste victima de reacciones
que causaron heridas profundas.

Si bien no llega infidelidad alguna
o tu desquite agravie mi honra,
buscas revancha con la sorna
y con el desdén que me acalora.

No es menester mío reclamarte
ni siquiera insultos reinantes,
fui miserable con mis artes
y hoy recibo de ti, mal talante.

¡Vamos! No escucharas queja
ni siquiera frase que te ofenda,
ayer fui villano en la tienda
hoy esta permitido…que me hieras.
BLASON

PALABRAS HIRIENTES

Ay con el verborrea florido
aquello que aflora en tu enojo,
lastimas a ser, divino tesoro,
que solo busca amainar tu acechanza.

Ay con esas frases tan grotescas
con esas silabas que unen asombro,
es una dama que tiñe de rojo
aquel corazón que ama, sin retorno.

Ay con esas oraciones que suenan a mirra
con esos párrafos que maltratan mastines,
no debes dañar a la mano que te viste
de aquel edén que nunca tuviste.

Basta ya de palabras hirientes
de aquello que te sale muy hondo,
echa de raíz razones del oprobio
que a ella afecta, el amor en su otoño.
BLASON

DERROTADO

Así,
con la cabeza enterrada
con la espalda fracturada
por lesiones que no sangran
que se solapan en el alma
por la forma en que amabas
y que ahora
…ya no ufanas.

Así,
cabizbajo y meditabundo
como buscando remedio alguno
por las fallas cometidas

con aquellas arremetidas
de esa ira contenida
por suposiciones falsas
de una infidelidad que coacta
tu mente nebulosa
faltando el respeto
a dulce rosa.

Así,
como animal inculpado
por la presa ajena
de los cazadores esmerados
ya no tienes reparo
por tu ruin comportamiento
al decirlo que es un cuento
el amor que ella siente
le diste en la frente
lo que murmuraste a su espalda
como cobarde
...en su jaula.

Así,
con las miradas puestas
de la gente que timaste
por amores que creaste
y falsías que inundaste
en corazones puros
ahora veras que es duro
cuando nadie
...te ama.
BLASON

YA NO PUEDO MAS

Ya no puedo más,
esta angustia es asfixiante
el no verte es doliente
aun si te veo de repente
no me conformo con los viernes
mucho menos con feriados
por que mi vida ha deseado
que tu estés siempre a mi lado.

Ya no puedo más,
es la perdición de mis actos

que se me escapa de las manos
quizás con malos ratos
o con palabras soeces
que no siempre mereces
solo por que me compadeces
me regalas un día jueves
sin saber lo que siento
yo no se si esperare
...lo eterno.

Ya no puedo más,
hoy es lunes y has partido
a seguir con tu destino
solo soy un día festivo
que te alegra días idos
y que juntos o separados
siempre cuentas con mis manos
que acarician a la distancia
esperando tu llegada
pero son las horas que alocan
la partida en su letargo
se muy bien que has tratado
pero no se si lo has logrado.

Ya no puedo más,
la fe me es mezquina
la fuerza se desvanece
y mi sentir no se amilana
y aunque te amé mas que antes
no puedo dejar de sentirme
con muñeco de trapo
que solo lo has comprado
para cuando estés
...de mal animo.

Ya no puedo más,
y si la situación persiste
con las maromas pendientes
se que no es afluente
los ríos que navegamos
y creo que ha de llegar
el día que he de decir
que ya...no puedo mas.
BLASON

TRISTE SOLEDAD

Se muy bien que me llega el amor tuyo
que mis días y mis noches tu llenas
que tus palabras retumban en mis oídos
y que mi corazón se alegra en extremo
pero...

Se muy bien que ayer te tuve en brazos
que tus caricias calaron dentro de mi ser
que tus besos aun degustan mi paladar
y que tus brazos dejaron huellas en mi,
pero...

Se muy bien que me juraste amor eterno
que pronto estaríamos día tras día juntos
que solo es una transición esta separación
que pronto consumaremos nuestra unión,
pero...

Se muy bien que me llamas con insistencia
que el móvil timbra de manera seguida
que tu voz en momentos me sosiega
que un te amo a la distancia se añora
pero...

No creo ser egoísta ni mucho menos absorbente
solo puedo decirte que te amo locamente
y que quizás la ausencia larga de un amor bello
Quiera más de lo que me estas ofreciendo.
BLASON

SIETE PUÑALADAS

Como andar con el pecho descubierto
cuando voy en loca arremetida
al acecho de este amor esquivo
ese que siempre me ha herido
con tremendas puñaladas
al darles al fin la espalda
pero yo no corro a la desgracia
siempre habrá un amor sincero
que me llegara…a amar.

Siempre fue sacrificado el corazón
en su loco intento de enamorarse
pero no se fija en quien mudarse
el desespero no deja nombre
ni siquiera antecedentes
solo intenta sin tapujos
y siempre lo punzante
termina por dañarte.

Si es verdad que fui mermado
mi coraza destruida
por amores que cobraban
la audacia de mis manos
la astucia de mis besos
ellos no dejan nada en el aire
solo quieren apuñalarme
y vencerme hasta la muerte
pero hasta que esta tarde
y no me lleve por delante
se que por ahí errante
esta el amor…que es para mi.
BLASON

DE MI… TE HAS OLVIDADO.

Lo sé,
no hay recuadros existentes
ni retratos en tus huestes
de aquel amor tan incipiente,
ya moras en futuro y presente
con ahínco y más elocuente
para poder olvidarme fuertemente.

Lo se,
no hay memoria más ufana
ni la mente más acaparadora
en sesiones de amor y honra,
soy testigo de desdén amargo
desde el día que dejamos
de sentir, lo que amamos.

Lo se,
no hay gabinete más ajado
lleno de polvo y maltratado

sobre el ático y en tu armario,
soy recuerdo de mal agrado
de aquellos que hay que borrarlos
de la piel… y de sus años.

Lo se,
que la culpa llevo en el fuste
en los meses que compusiste
tantos versos de puro embuste,
soy la imagen de lo descaro
de la mentira y de lo huraño
y me reservas… infierno largo.

Lo se,
se que de mi te haz olvidado
de aquellos besos que abordamos
en precoces meses de frecuentarnos,
solo quedan huellas de hiel amarga
de una hiedra que se te escapa
y que dejas marchar, aunque te parta
… el alma.
BLASON

VALE LA PENA SOÑAR

No es ser iluso
cuando alguien sueña,
ni es ser infantil
cuando se espera,
por que no querer
lo que se desea,
si quizás muere
cuando uno
…despierta.

Aunque la realidad cuesta
tantas veces entenderla,
creamos sueños que nos acercan
a un futuro que desespera,
no hay fantasmas
en el dormitar profundo
es el anhelo que nos demuestra
que algo de ti, esta despierta.

Aquella ilusión propuesta
en ojos cerrados con mente abierta,
son hoy logros, meta dispuesta
de aquel sueño, que mucho cuesta.
debes soñar, con fe resuelta
no hay daño que te reprenda,
hallaras gozo mientras duermes
y mas aun
…si se presenta.
BLASON

QUIERO VIVIR

Aun me parece recordar los días
aquellos que no son tan lejanos,
deseos que no parecen muy gratos
de anhelos que serían baratos.

Suena aun en mi interior huraño
aquel que no creía en los milagros,
ayer que solo llenaba tristeza de canto
hoy la alegría me cubre con su manto.

Que difícil es creer en lo imposible
que reacio se vuelve cuando es factible,
ahora deseo que lo amargo culmine
y deje posar sobre el cielo, sin limites.

Quiero vivir lo que no era posible
quiero gozar de un amor que permite,
tener la esperanza de vidas comunes
y poder lograr los sueños...afines
BLASON

ABRID!

¡Abrid! ¡Abrid! Por piedad,¿ no escuchais?
Que llaman insistentemente a la puerta.
es aquella que viene a rescatarme
de esta vida de desdén y desdicha,

¡Abrid! ¡Abrid! Pardiez, que necios
bajad ya, el puente de este castillo

que ella viene para socorrerme,
de este inmisericorde sufrimiento.

¡Abrid! ¡Abrid! Tenéis compasión de mí
empujad el portón del fortín, hacedlo
para que pueda quitar los grilletes
de esta vida monótona y de desamor.

¡Abrid! ¡Abrid! Que debo hacer por dios
para que le dejéis llegar a mis brazos
para que con la miel de sus labios
logre borrar el sabor amargo de mi soledad.

¡Abrid! ¡Abrid! Por piedad, ¿no escucháis?
Que llaman insistentemente a la puerta
no escucháis? No escucháis?...
BLASON

NO ACEPTO TU AUSENCIA

No deseo más discursos tenebrosos
no quiero escuchar más lamentos,
se fue de mi vida- días de oprobio-
no tengo mi dama, ay dios enojoso!

Ya basta de sermones, el luto me opaca
no llevare el negro, razones que claman,
aun esta en mi vida la niña
que cada día su amor...aumentaba.

Aun no puedo entender el por que
de tu partida mi flor perfumada,
te fuiste tan lejos, a nueva morada
me dejaste el aroma, de tu piel añorada.

No acepto tu ausencia apresurada
no entiendo razones, fustigo mis ansias,
aun escucho sonrisas, de figuras doradas
me dicen que me espera, la silueta deseada.

No acepto tu ausencia, mi rosita blanca
no quiero más charla de gente apurada,
hoy es tu entierro, mis pasos reclaman
no quiero cortejo, entrégame...su alma.

POBRE CARITA SUCIA

Pobre carita sucia,
que compartes las risas con el hambre
que te retiene la desidia y la arrogancia
de aquellos que por su ignorancia
no saben que tu eres el alma
de los infantes que se matan
por necesidad o la falta
de aquel pan que tanto ansias.

Pobre carita sucia,
que vas limpiando las avenidas
por las migajas que te tiran
barrenderos y canillitas
que se solidarizan con tu sonrisa
por las bromas que les brindas
a pesar de tu martirio
de no saber si hará frió
y no tener tu...algún cobijo.

Pobre carita sucia,
que tu sencillez no se compara
con aquellos que les sobra la plata
por su soberbia y arrogancia
de pensar que nada les falta
aunque faltos de cariño
por sus padres resentidos
o por sus ausencias largas
comprándolos con regalos
por las horas que han dejado
de brindarle tan solo un rato
de escuchar sus relatos.

Pobre carita sucia,
que de noches tan heladas
no podes tomar bebida caliente
tan solo el emoliente
del paisano que te brinda
y tú con la sonrisa

que es la moneda que te sobra
por que aunque te falte la moneda
o el dinero sea insuficiente
tienes el alma de un valiente
por seguir aun hoy...con vida.

Pobre carita sucia,
yo que te abono un merengue
con la mano extendida
pero maniatada mi esperanza
de verte con la limpieza
que tu edad se merece
pero la sociedad no entiende
que de juguetes no se vive
falta al menos quien cobije
de ese pequeño...su alma.
BLASON

BLASON EXISTE

Han recorrido medios
en busca de noticias,
dicen que son fantasmas
que escriben delicias,
no han cotejado
las obvias sumillas
que dicen el nombre
del vate que domina.

Siempre se han dicho
con sorna y malicia,
que tales líneas
humano no ha escrito,
parecen salidas
de novelas baratas
que no hay silencio
ni gritos de ansias.

Quien puede callarlos
si hablar no maltrata,
Blasón ha existido
para aquellos que relatan
por este mundo
de fantasías y gracias
que el amor ha unido

bajo la sombra extraña.

El ha subsistido
a reproches y sañas,
la han dicho cursi
o narrador de escarlata,
solo un mundo ha querido
rendirle homenaje
para decir con orgullo
que su creación
…no se regala.
BLASON

DETENEOS!

¡Parad! ¡Parad!
Que vuestras acciones infames
como sus decires suspicaces
y los "que dicen" sin afanes,
van mellando nuestros lares
con la malicia del encanto
y la envidia… que les nace.

¡Callad! ¡Callad!
Que silencien vuestras voces
que se fingen portavoces
de la moral y de los dioses,
no han calmado nuestras ansias
ni mermaron las palabras
aunque exista por ahí… noche mala.

¡Basta! ¡Basta!
Que son varias las cuestiones
y son muchas las razones
que asumen, los dizque señores
ya hay embrollo en mi vida
y sinsabores acumulados
para ganar… lo que no he luchado.

¡Deteneos! ¡Deteneos!
Que la lengua se os parta
sobre las frases que me engañan
y los brazos te sostengan,
hay lascivia en sus intentos
mas no hay sentimiento alguno

como el que siento
… por uno.
BLASON

JODER!

¡Joder!
Mal rayo partiera en el ocaso
sobre la niebla de los cielos,
aquel tipejo que se cree dueño
de la doncella que yo quiero,
mas animo debo encontrar
en una faena quizás discreta,
erradicar debo la competencia
aunque se ofenda… aquella coqueta.

¡Joder!
Maldito el varón acicalado
con el traje quizás alquilado,
trae flores que huelen a pantano
y sale el moho sobre sus manos,
mas debo detener sus intentos
aunque parezcan quizás añejos
he de encender pobre vivero
y no exista rosa… en el vivero.

¡Madre mía!
Que el cristiano voluntad asume
con los detalles y caro perfume,
parece loción de los comunes
que alejara aun, a los inmunes,
mas es atrevido el caballero
que robo sonrisas de mi alfarero,
dibujo lo calmo en lo sereno
y beso la mano… que tanto anhelo.

¡Ostia!
Que me salió chueca la travesía
mientras criticaba con ironía,
de sus vestidos y sus mentiras
que le traía a delicada niña,

mas no repare en mi persona
ni en el descuido a futura doña,
para mi desgracia y mi deshonra
hoy se caso… mi dulce Lola.
BLASON

COMO DECIRTELO

Como he de hallar aquellas palabras
que tu buscas con afán apresurado,
el decir lo que existe en mi exhalo
contarte lo que dice... mi sentimiento.

Como he de rebuscar viejas palabras
que añejos poetas supieron en su momento,
decirte lo que sienten mis adentros
llenarte de mi... con mi contento.

Como he de expresarte lo que siento
en este mundo que es total misterio,
temor a ser mezquino y no ser concreto
el miedo a decirte poco cuando es mucho
... lo que siento.

Como podre decirte en líneas lo que llevo
en este pequeño corazón que es gigantesco,
almaceno en el de ti todo mi emolumento
deposito ahi mi vida entera... y te lo entrego.

Como podre decirte en frases alusivas
con esa dimensión que dictan mis caricias,
como decirte que mi afán es miseria misma
si no estás en mí, como estoy... yo en tu vida.
BLASON

PAGARAS

Pagaras
así quedo hoy asentado
en aquella escritura de puño sagrado,
cumplirás tu condena sin enojo agravado
será tu infierno el amor... en tus brazos.

Pagaras

así ha dictado el ceñudo magistrado
con tono elocuente que escucho el acusado,
iras a la horca por haber intentado
efímera eternidad al besarla... en privado.

Pagaras
así han decidido los doce jurados
de razas distintas y de domicilios separados,
juzgaron las pruebas por el fiscal presentados
y buscaste tu muerte por haberlo... logrado.

Pagaras
ya han pactado la fecha de los sucesos
de aquella agonía que vivirás en exceso,
podrás ahí unirte con la dama en tus brazos
y vivir para siempre como le habías
... jurado.
BLASON

QUIEREME

Quiéreme
y dale a mis días algunos momentos
que ocupan espacios de negros sucesos,
quítale la sal a mis dolosos encuentros
y envíame un beso que me sea... sincero.

Quiéreme
y dibuja en mi rostro pequeña sonrisa
aunque sea una mueca que sea delicia,
y seca mis lágrimas que cubren cornisa
de aquellas mejillas que lloran... de prisa.

Quiéreme
y dime en silencio palabras bonitas
aunque sean cursi o algo pulidas,
desnuda mi ego que ataviado existía
de tanta miseria de un amor... que exigía.

Quiéreme
y dame los sueños que no sean pesadillas
ilustra mis noches con suaves caricias,
susúrrame en tiempo que nadie permita
quitarme tu amor... mi adorada niña.
BLASON

NO TE APENES

No, no cubras tu figura
ni acerques aquel manto sobre tu cuerpo,
déjame quedarme en embeleso
y admirarte de pronto... así desnuda.

No, no intentes arroparte
no asiles tu piel a cada instante,
deja que mis ojos logren captarte
entre despojos de vestir reinante.

No, no hagas que me desilusione
que pueda alegrar ya mis intenciones,
deja que el cielo cubra tus pezones
y quiebre el sexo... de los mirones.

No, no cubras más tu cuerpo hermoso
que no busco fallas ni tics nerviosos,
tu belleza habita en tu exterior precioso
y quieren mis manos... experimentar gozo.

No, no te apenes de mostrarte entera
con esas curvas dulces y serenas,
no soy el dueño de tu figura selecta
soy mas bien esclavo... de tu belleza.
BLASON

ILUSION FALLIDA

Un rumbo distinto ha tomado
aquella ilusión retomada,
no hay interés en dama buscada
no quieres más mi sentir... ni nada.

Se acabó aquella imaginación ufana
de un futuro que el destino magra,
no hay latir en mi ensenada
se detiene mi ser y ella... se marcha.

Ya es el fin de experiencia grata

de aquellos meses de flores deseadas,
regreso a la rutina mezquina e insana
de esta soledad que agobia... y mata.

Se acabó, no hay más continuidad
de aquella ilusión distinta y sin par,
se acaba mi hora de reír y jugar
llego mi agonía, mi exilio... mi...
BLASON

SIEMPRE ESTARAS

Aun te tengo
aunque muchos digan lo contrario
que partiste ya quizás rauda hace un año,
llamado de Dios que no fue ignorado
bendita mujer que puso algarabía a mi canto.

Aun te recuerdo
fueron los días más bellos que recuerdo
aunque tu ausencia fue dura, es cierto,
ahora comprendo los viejos consejos
que me diste en mi noche de bodas.

Ahora comprendo
porque habían lágrimas en días contentos
que yo imagine que había por ahí algún descontento,
detrás del sollozo se expresaba en tus adentros
el júbilo extremo de vernos... creciendo.

Aun te tengo
en cada mañana cuando a mi hija la peino
aquel bello cabello que saco de tu cuerpo,
es divina herencia que regocija mis sueños
es eterno regalo que dejaste... en mis suelos.

Aun te recuerdo
como cada mañana cuando despiertas al perro
que recorre mi cama como ratón en agujero,
uso el mismo ardid cuando despierto a ....
y me rio y lloro cuando recuerdo... el momento.

Ahora comprendo
a veces pensaba cual era aquel misterio
de ser madre en una vida de asombros,

hoy comprendí que tu vives en nosotros
aunque ha pasado un año que partiste
... sin retorno.

Aun te tengo
y se que aunque un beso no pueda darte
que un abrazo y mi calor no pueda entregarte,
puedo enviarte mi gratitud y mi estandarte
por ser la madre que me enseño... todo su arte.
BLASON

NUNCA TE HARE FELIZ

Rudo machismo en mis arranques
necio accionar en mis instantes,
como desear que un dia distante
podre hacerte feliz… sin espantarte.

Quien entiende lo que no comprende
de este carácter que domina mi ego,
asusto a la dama en sus devaneos
huye de mi mientras yo… este cuerdo.

Siempre alejo a la doncella que hallo
en una coherencia que mi yo ha logrado,
no se si sea hazaña en mi ser extraño
ella se aferra y a la vez… siente espanto.

Aléjate de mí mientras puedas lograrlo
no puedo hacerte feliz si soy yo mientras tanto,
aléjate de mí que mi ego es malsano
no cambiare y moriré… sin pensarlo.
BLASON

CLAMOR ENMUDECIDO

Se oye quedo el silencio mismo
de aquellos gritos en su anhelo,
su voz se pierde en esos cielos
que ven el lloro... y el sufrimiento.

Escucho apenas el clamor suyo
con palabras cortas en su terruño,

siento el sufrir de un dolor profundo
de un no sé qué... en su arrullo.

Se oye su voz en su extravío ajeno
en los rincones de un hogar alterno,
callo el bullicio de mis infiernos
callo el silencio... de mis suplicios.

Escucho ya el clamor en su auxilio
no halla respuestas en su camino,
se fue aquel mar de sus dominios
ya no hay orillas ni faro... en su exilio.
BLASON

AMOR

Amor
donde esta aquel sentir ufano
aquella caricia que despierta muy temprano,
espero con ansia tu mano en mi respaldo
con aquel beso cálido... y mesurado.

Amor
donde están aquellos te quiero suaves
con ese tono de tus labios celestiales,
cuando fue aquel ayer entre raudales
que se disipo en las nubes... matinales.

Amor
dime ya con esa voz que llevaste lejos
donde mi llamado parece perderse,
el timbre sonó con fuerza insistente
no levantaste el auricular... de repente.

Amor
por que hay silencio en tu hábitat extraño
porque apagas tu voz en este día exacto,
se perdió el ayer en aquel vecindario
no veo tu rostro ni tu cuerpo... a mi lado,.
BLASON

PARA TU AMOR

Lucha mi ansia su fuerza inaudita
teme el esfuerzo mezquino que habita,
halla su amor en la esquina bendita
donde mora su auxilio que ella mansilla.

Lucha su querer en la calle distinta
soporta el amen de las misiones queridas,
ella aporta su paz cuando su guerra es distinta
es tal la lucha en si que su afán... despabila.

Lucha ya la doncella el amor que le tiene
le dedica poemas que con amor le provee,
no escatima en frases ni el revés que prefiere
el entiende su verso aunque en prosa... respire.

Lucha en silencio y a gritos la dama escogida
por este poeta que le dedica líneas misias,
no hay valor en la letra que hallara en cursiva
pero es bello el mensaje que en el... escondía.
BLASON

COMPAS FUNESTO

Voy escuchando con hidalguía
aquella canción en su agonía,
donde las rosas parecen marchitas
donde el rocío... sufría sequía.

Voy escuchando tonadas distintas
que narran desgracias de hojas caídas,
algunas murieron en primavera fortuita
otras quizás se perdieron... en la vida.

Voy escuchando la música que enfría
aquella hoguera que el otoño encendía,
calentando esperanza que el destino sufría
se extinguía la misma, en horas distintas.

Voy escuchando la música que narra aquello
que las mismas flores murieron en silencio,
sus mismas espinas arrojan al cielo
las dagas que hieren al amor... en su celo.

Voy escuchando la música... y me deprime
aquella letra que su compositor mismo dice,
es una desgracia ser otoño en el mes que sigue
si fuiste primavera cuando el sol... te asiste.
BLASON

RECUERDAME

Recuérdame
llévame ahí, donde están tus recuerdos
de aquellas instancias de abrazos y besos
cuando anduvimos descalzos por orillas de fuego
donde nació el amor que hoy... se va muriendo.

Recuérdame
resérvame un lugar en tu pecho siniestro
donde está el corazón que se robó mi aliento,
mengua el dolor que me dejaste en silencio
y escucha mi grito que eleve... a los cielos.

Recuérdame
y escríbeme cartas que tengas fechas nuestras
con aquellos detalles que tú siempre recuerdas,
la primera cita en aquel parque que alberga
las breves pisadas que un día, quizás,
... se pierdan.

Recuérdame
no dejes que muera también lo vivido
aquella historia de un amor que fue lindo,
deja escasas líneas donde escribir el idilio
que nació y murió y su dolor... fue infinito.
BLASON

NO HABLARE DE MI

He de callar hoy mis versos
que solo sabe a dolor y deceso,
no hablare de mi sentir
que se murió… en el proceso.

He de callar hoy mis ansias
que murieron por dentro,

no hablare de mi amor
que se escapó… siendo bueno.

He de callar hoy mi verbo
que se oscurece mi ego,
no diré más de aquello
que me daño… en silencio.

He de callar todo aquello
que me destruya por dentro,
no hablare más de ti
por ser tú… causal directo.
BLASON

HOY LLAMASTE

Hoy tu voz tembló los cimientos
de aquella morada que exigía silencio,
tu voz sonó fría en pleno invierno
se calan mis huesos de miedo ex profeso.

He escuchado segundos en tono añejo
aquella mujer que fugo a su encierro,
no sentí el querer que creía tenerlo
quizás ya murió y no asistí… al entierro.

Fueron escasos instantes y ya no recuerdo
si era duro su hablar o ignoraba aquello,
no escatime esfuerzo en analizar su recuerdo
no quería escucharla ni decirle… te quiero.

Hoy tu voz retumbo en los quintos infiernos
se escuchó aquel grito que creció en tu ego,
no había intención en mi escuchar casi quedo
fue tu amargura tal que colgaste
… primero.

Hoy tu voy se aparca en el umbral del averno
esta próximo a llegar a su final novelesco,
no entrara al cielo, por malicia y reniego
quizás vaya al infierno donde avivara
… aquel fuego.
BLASON

MI CONDENA

Quizás…
No puedo dejar de imaginar siquiera
que mi destino es indefinido,
no hay sentir en este Domingo
se fue un ayer que sonaba
… distinto.

No se…
Tal vez haya muerto el sentir exquisito
de aquella mujer que oraba en mi asilo,
no hubo reseña en su cuarto vació
se fue de mañana y no dejo
… un indicio.

Por qué…
Dios, quizás se cansó de verme distinto
de no ser aquel que se casó en azul fino,
no sé qué paso que cambio el sentir mío
o quizás fue aquella que se canso
… de lo mismo.

¿Qué hacer?
Que puedo pensar de esta huida urgente
de un breve escape que paso por su mente,
dejo sábanas blancas si arrugas distintas
no pernocto en la morada donde ella
… vivía.

No se…
Quizás...
Tal vez…
Solo… se fue.
BLASON

MALDITA SEA MI SUERTE

Destellos salen de mis labios
verbo florido en tono rosado,
le canto al mundo su amor y encanto

dedico mi arte al querer en su agravio.

Lucido y ecuánime mi escritura
refleja mis líneas el mismo sentir,
le entono la música al existir
le dicto estrofas de mi vivir.

Hay explosiones en cada frase
sentir ufano que lee mí arte,
se ha diluido en medio del desastre
se perdió la cordura, la razón
… por todas partes.

Aquel sentir que siempre escribo
que le dedico odas hasta el hastió,
hoy crucifica mi alma en su auxilio
me consume el enojo al releer
… lo escrito.
BLASON

EL POETA Y YO

Hay en mis líneas sentidas y abstractas
en aquellos pensares que la pluma rescata,
una parte de mí que sin querer se escapa
en cada estrofa que mi poesía… relata.

Hay en mis versos sonatas que extrañan
aquella realidad que el mundo no ampara,
deseo quizás que las letras se salgan
de una ilusión que la verdad… no maltrata.

Hay una mezcla de mí que las frases disfrazan
con una leve agonía que mi voz no apaga,
he narrado quizás mi desgracia inmediata
he inventado un sujeto que su nombre
… no cambia.

Hay misterio en mis líneas sumidas y muy claras
cuando le escribo al amor que a mi ego desata,
no he hallado aquello que mi pluma resalta
es quizás la quimera de una noche… extraña.

Soy poeta bohemio con exigencias mundanas

quizás un poco exquisito cuando de leer se trata,
soy el hombre que sufre de un amor que se escapa
soy aquel que la noche en su rincón… siempre halla.
BLASON

PALABRAS QUE MATAN

Calla,
no aumentes agonía en horas extrañas
ni llenes de mirra mi tiempo escarlata,
tu voz suena dura cuando en breve me hablas
con aquel absurdo adiós que hoy, me relatas.

Calla,
no quiero más dicho de tu mente profana
ni palabras hirientes que buscas con ansias,
tu voz me llaga en el fondo del alma
desgarras mi ser en forma… malsana.

Calla,
no digas más que mi ego ya presiente
aquella actitud que tu ser me entretiene,
tu voz dijo claro que termino su alborada
y destruiste aquello que mente… inventaba.

Calla,
no digas más que mi llanto no halla calma
ni es poco el lloro de mi ser que escapa,
tu voz me daño aun al decir que me amas
al saber que mentías… como cada mañana.

Calla,
no sigas más con tu hablar que me mata
ni expreses aquello que invidente percata,
solo apaga tu voz que abruma sus ansias
solo calla tus labios que han matado
… mi esperanza.
BLASON

SACAME EL PUÑAL

Mírame,

Hey, mírame!
Disfruta el dolor que causa tu hastió
aquel desdén en tu libre albedrío,
me causa dolor el saberte enemigo
de un gran amor que pensé
... era mío.
Mírame,
que es cruel la agonía que vives conmigo
matando al amor que nació un Domingo,
no esperas al lunes para despedir al amigo
no esperas la noche para terminar
... tu conmigo.

Mírame,
Hey, mírame!
Me haz enterrado la daga en su exilio
donde nace el mango de fino armiño,
me brota la sangre en sitios divinos
refrescas tu sed con el rojo exprimido.
Mírame
me haz hundido el puñal donde más haz querido
en aquel corazón que dañaste tu mismo,
estoy muriendo de amor sin saberte conmigo
ha fallecido la ilusión con dolor
... en mi exilio.

Mírame!
Aquí me tienes sufriendo por el dolor
en medio de nada y de rojo... pasión,
eras tú la ceniza que causo conmoción
ahora eres el agua que apago... este amor.
Mírame
Aun con el puñal enterrado en mi pecho
donde llora el corazón que muere en despecho,
tú mataste aquello que parecía embeleso
tu has matado al amor que nació... mes primero.
BLASON

POR QUE SUFRES

Cuál es la causa querida doncella
que te amilana y desencaja el alma,
cual es la razón que mina tu esperanza

de ver el ocaso de tu tristeza profana.

Dime ya mi querida florecilla
por que tu lloro me suena a melodía,
con altas notas de angustia que me invita
a sentir la falta de vivir... en tu abadía.

Cuál es la causa mi dama adorada
por que tu llanto se escucha en las mañanas,
aquel quejido que emana de tus entrañas
irritan mi alma y descompensa... mi alianza.

Dímelo en pocas letras si es tu deseo
entre los versos que traes de tu vivero,
rocíale la fragancia de tu invernadero
y dime ya lo que tu corazón... va sintiendo.
BLASON

QUE INTENTAS

¿Que buscas?
Que hay intriga en tus letras
con sabor a cal y careta propuesta,
me arrojas a brazos de damas coquetas
que no ven en mi el hombre
... como materia dispuesta.

¿Que buscas?
Porque me botas con demasiada sutileza
de aquellos brazos que la distancia asemeja,
me echas al pozo donde las flores dispuestas
me envían su aroma con caricias extremas.

¿Que buscas?
Porque la insistencia de arrojarme tan lejos
donde no lleguen las aguas de tu orilla inefable,
me estas enviando donde odio quejarme
me estas arrojando y tu sufres... aparte.

¿Que buscas?
... que.
BLASON

NO LO SOPORTARE

Como, dime como podría
si millas náuticas nos separan
entre aquellas olas que nos hablaran
de un mar que siempre... visitabas.

Como, dime como podría
soportar el martirio en su excelencia,
con aquellos azotes que las noches me reserva
en cada suspiro que ella... me coopera.

Como, dime como podría
si es vasto el camino y su sendero
empedrado con rocas en su apogeo
y de baches que el mismo diablo
... ha dispuesto.

Como, dime como podría
si ya mi ansia de perdió en horizonte inmenso,
se pierde mi alma en pedazos y en descontento
de saberte lejos mientras de amor por ti
... me estoy muriendo.
BLASON

¿DONDE ESTA TU VOZ?

Dime tú, niña de mis amores
que sangras mi corazón con tus temores,
por que callas las silabas de tus oraciones
por que silencias el verbo... y tus emociones.

Dime tú, niña de mis sensaciones
que entonas en mi alma dulces canciones,
por que apagas el timbre de locas pasiones
y dejas notas que hablan... de amores.

Dime tu, mi niña tierna y engreída
que destilas caricias en líneas partidas,
donde están las rimas que me dedicas
porque borraste la poesía para mí... dirigida.

Dime niña, y no calles ni olvides respuesta

que aquí te dejo mi segunda misiva expresa,
he enviado cartas que no fueron abiertas
llevaba el sello postal que tu... echas fuera.

Dímelo ya mi niña adorada
tu que mi afán la vestiste de rojo escarlata,
no calles más y di ya que me amas
acaba el silencio y escríbeme... bellas palabras.
BLASON

TUYO

Tuyo,
así como es el aire en tu Saturno
entre las lunas de cielo oscuro
donde tu aliento pierde el nocturno
y se abraza el deseo... aun prematuro.

Tuyo,
así como es el néctar de tu desayuno
con ese afán de un "buenas días" de buen augurio
en aquellos labios de tu sentir profundo
de una mañana que se torna... taciturno.

Tuyo,
como es la arena a la mar majestuosa
que se extiende por las calles más rocosas,
llegue a tu entre olas quizás toscas
y me tiro a la orilla en traje... o sin ropa.

Tuyo,
como lo seré mientras el día se mantenga
entre la luna y el sol que se asemejan,
tuyo mi cuerpo y mi corazón entre rejas
tuyo mi pensar y mi sentir... que se aspavienta.
BLASON

MAJESTUOSO

Divino,
es una delicia poder apreciarla
deleitarme con las aguas saladas
de aquellas olas que en tu pies descansaban
sobre el montículo de arena que tus manos juntaban.

Divino,
es majestuoso la inmensidad de su belleza
que se mezcla con la imagen de aquel cielo que anhelas,
es un mundo mágico que la poesía le debe su realeza
donde salen los versos que mi amada... espera.

Divino,
es una sensación de alegría y también, leve tristeza
cuando chocan las aguas con tu cuerpo que relegas,
estas tendida en la orilla donde pequeñas gotas ya juegan
en aquella figura que mis manos... desean.

Divino,
es asi la expresión que a mi mente vino a su ritmo
donde callo palabras que en mi léxico he tenido,
me deslumbra su portento y ha callado el hablar mío
donde se hallan jugando la marea... y el amor mío.

Divino,
aunque sea la naturaleza la madre de la belleza
que su mano de Dios entre las comillas se expresa,
pero si junto en ella, a la dama, que amor me profesa
es maravilloso el cuadro que su merced... da proeza.
BLASON

VUELA MARIPOSA

Vuela mariposa
disfruta de tu nacer nuevo
de aquel cambio dulce y sereno,
aprovecha el aire que vaga en los cielos
disfruta del amor que llego
... de tan lejos.

Vuela mariposa
que de aquella oruga solo queda el recuerdo
de aquel duro letargo donde hubo algún premio,
es ahora el inicio de un sentir que es nuevo
de un amor que navega mientras vuelas
... los cielos.

Vuela mariposa
que mi largo horizonte te divisa a lo lejos

con la eterna esperanza de tenerte en mi seno,
eres libre en los cielos donde llega mi eco
y escucharas el murmullo de mi alma
... en su ruego.

Vuela mariposa
que tus alas te ayudan a salirte del encierro
donde no hubo caricias que levanten tu ego,
vuela lejos a la orillas donde el mar es sereno
vuela ya a mi puerto donde mi barca
... te espera.
BLASON

COMPUNGIDO

¡Callado!
Así se hallan las aves en su albedrio
gritando en silencio al amor acaecido,
van entonando su canto en rincón preferido
han callado su celo por no ser... bienvenido.

¡Silencioso!
Así se halla aquel pájaro que se cree mal agüero
de un día soleado sin amor y en desvelo,
han plagado sus alas con evitar crudo vuelo
a los limites mismos de la agonía proferida.

¡Callado!
Así se sienten los cielos sin sentir escogido
sin aquel beso de un colibrí que perdió en el vuelo,
no se escucha al jilguero que le canta al sereno
ni escuche al papagayo que le recita... a la novia.

¡Silencioso!
Así están gozando del amor entre ramas y sobras
donde no llega la nostalgia ni el rubor de la sombra,
están amándose las aves en muy pocas horas
están disfrutando de el y no piensan
... en otra cosa.
BLASON

NO PREGUNTES MAS

No busques respuestas amada mía
solo disfruta de las olas su agonía,
ellas te hablan y tu estas distraída
te llevan mensajes de aquel... que te anima.

No intentes más hallas solución
a aquello que quizás es tu salvación,
no habrá vuelos ni sueños que despierten pasión
como es el sentir que nació... de una canción.

No preguntes más querida niña
que no diré las respuestas entre líneas perdidas,
esta hablándote el amor mientras tu analizas
aquel gran sentir que aún no quieras... te aviva.

No preguntes más querida mía
y hazle caso al mar que te dice cositas,
aquellas frases de amor que tenías escondidas
y que le dices al varón que te dedica... poesía.
BLASON

HABLAME EN SILENCIO

Que importa ya si no hay vocablo
si no escuchas frases en tu desmayo,
soy yo el lacayo de tus encantos
y podrás oírme... cuando te canto.

Deja que la melodía enerve tus sentidos
que tu palpito sea calmo y protegido,
sentirás en el beso su estruendo preferido
y oirás voces de los ángeles escondidos.

Duerme en mis brazos así queridos
por ese afán plasmado en tus escritos,
duerme en silencio mientras te canto al oído
y me escuches en silencio... mi ángel querido.

Duerme querida que yo velo tu silencio
no habrá bullicio que imponga lo perfecto,
quiero llenarme de ti en el contexto
de aquella furia tan tuya... tan nuestro
BLASON

NO ES ASI

No, que bah
no es menester mío lo escrito
ni realidad que se parezca,
es solo palabras ahí compuestas
para un sentir... de cualquiera.

No, que bah
no es mi mundo el que escribo
solo la imaginación en que habito,
voy recorriendo ciudades y he visto
como sufre el que ama... en su camino.

No, no es así
no es mi vida la que transcribo
mas no digo que no he sufrido,
solo son conjeturas de algunos amigos
que alcanzan pañuelo... a mi estribo.

No, no es así
solo es el mundo el que me departe
tantos sucesos que son un arte,
solo soy escultor que dela arcilla comparte
algunas líneas que a ustedes... complace.

No... que bah.
BLASON

ESTOY SANGRANDO

Mi corazón llora,
Sus lágrimas han plagado mis venas
de rojo sus rutas ellas han pintado,
es tedioso su andar y su palpito agitado
de aquella angustia dolosa y angustiante.

Mi corazón llora,
su sollozo va minando mi vano esfuerzo
de aquel desahogo odioso y extenso,
es mi existir un enorme y grotesco agujero
en medio de la nada… en medio del silencio.

Mi corazón llora,
es sal pura que despide hoy mi llanto
un lloro que el mismo Dios ha escuchado,
es mi respirar tan quedo y angustiado
que mi alma se quiebra, se espanta… asustado.

Mi corazón llora,
ya están secos mis lagrimales sombríos
su liquido no reserva ni guarda algún mito,
sufro en silencio el dolor y mi hastío
sangra mi ser en el llanto… y su olvido.
BLASON

NO TE ESCRIBIRE MAS

Ya no más,
no hablara más mi pluma discreta
ni codificare los versos que expresan,
será silencio mi rima y tan vacío
sin el sentir de un beso… o un mimo.

Ya no más,
no llenare mas el tintero voluble
de tinta negra ni de palabras cursis,
seré mecánico y mi corazón insalubre
a un sentir que esta triste… ya es costumbre.

Ya no más,
no llenare de rimas mis paginas sombrías
estarán envenenadas con desprecio y tortura,
será un abismo donde cayeron mis palabras
de tanta poesía que para ti… fue creada.

Ya no más
no escribiré en aquellas líneas blancas
con aquellas negritas que formaban una alianza,
hice poemas donde bailaban palabras
y te seducen con las ies… y las erratas.

Ya no más
mueren sonetos y las prosas adornadas
alejandrinos que en las noches recitaba,
no escribiré al amor que rinde esperanza

declamare poemas a un olvido... sin mañana.
BLASON

A QUIEN LE ESCRIBES?

A quien le diriges con angustia
las silabas tristes y pausadas,
formando la funesta comparsa
de aquellas líneas... que ya sangran.

A quien dedicas aquella prosa
vestida de espinas y fragancia rosa,
tupidas del rocío que les conmociona
tus ojos rojos, sumidos... en hora proba.

A quien diriges balada fastuosa
con notas negras que tu alma llora,
se oye el quejido de tibia aurora
se inicia el día... y estas sola.

¿A quién? A donde van aquellos versos
lleno de dolor y melancolía en extremo,
llora mi alma al ver tu lamento
no hallas consuelo, ni un tibio beso.

¿A quien? Dime el nombre de aquel sujeto
que te desprecia, yo que tanto te deseo,
me estoy muriendo y te amo en silencio
y él se atreve a ignorar... tu eterno ruego.
BLASON

HABLAME

Háblame
que tu voz se está extinguiendo en mis sentidos
que no escucho el timbre del sentir mío,
se apaga el recuerdo de aquel llamado infinito
que grita y se desespera en el corazón mismo.

Háblame
que tu silencio transgrede mis sentimientos

con esa timidez de decirme lo que siento,
no oigo tu hablar tan dulce y tan tierno
en mi aposento hoy tan frio... y tan grotesco.

Háblame
que no hallo silaba compuesta en mi gabinete
ni un breve mensaje que mi ansia manifieste,
se muere mi paz y mi pleitesía sorprende
a este corazón que el dolor no comprende.

Háblame
que pasan las horas y tu silencio a mi alma arrasa
con esa mudez que en bullicio se disfraza,
acércate al mar y en las olas tu mano enlaza
que en plena orilla, un susurro mío te alcanza.

Háblame
que la locura esta tocando ya mi puerta
y hoy mi cordura es solo una máscara compuesta,
necesito de ti, y un suspiro que pueda
sacarme de este silencio que mi amor
... no soporta.
BLASON

ME MUERO POR TENERTE

Sienten mis manos cosquilleo incesante
un leve hormigueo que recorre por lados,
es tal la ansiedad que el sudor ha logrado
recrear rio abstracto en mi mente y mi tacto.

Siente mis piernas temblores extraños
un remezón que me aloca por ratos,
es loco el deseo de tenerte en mis brazos
de sentir hoy tu piel que se eriza al tacto.

Sienten mis brazos reacciones muy confusas
fingiendo abrazarte aunque lejos te hayas,
realiza caricias al aire que se escapa
en delicada brisa que mi ser no rescata.

Siente hoy mi cuerpo necesidad inmediata
de poder amarte mientras la luna este exacta,
está llena en su totalidad, compacta

así como el deseo que por ratos... me espanta.
BLASON

NO PUEDE SER

No debo amarte,
ya las gradas se han destruido
con la cal de aquellos individuos
que han logrado que nuestro cariño
sea forzado a vivir... en el olvido.

No debo amarte,
ya no hay medios que me transporten
a esos brazos
aquel refugio de amor puro y sosiego grato,
no habrá vehículo que me lleva a tu lado
me haz puesto desvíos que me llevan... a la nada.

No debo amarte,
se me han cerrado todos los cielos
no existe avión que surque su espacio,
me ha puesto nubes negras en cada paso
no hay vision en el sur que abandonaste.

No debo amarte,
haz colocado minas en mis entrañas
donde si te pienso volara a los cielos tus recuerdos,
deseas tanto que seas solo efímero sentimiento
que pueda yo olvidarte de mi vida y mi encierro.

No debo amarte,
eres la causa de mi pasión y mi desgracia
de mi sonrisa y cada lagrimas que me mata,
eres tu la fantasía que dé a pocos se apaga
eres tu la niña que por traviesa... me ama.
BLASON

SE APAGAN MIS OJOS

Que sendero voy anunciando
en este hastío de mi vista preciada,
se va extinguiendo su afán en bombardas
se va apagando mis ojos en su prestancia.

Que significado hallare a mi existencia
si ya no podrá apreciar la belleza existida,
no podrá admirar la rosa en su jauría
ni apreciar a la dama... en su abadía.

Que espero ahora en años venideros
en que norte se hallara mi breve avispero,
no poder verte, luna, en tu apogeo
ni el baile de las estrellas en el firmamento.

Se va apagando mis ojos lentamente
siento temor de no poder verte de frente,
quien me guiara cuando mis pasos extiende
quien me cuidara cuando mi vejez
... se acerque.

Se va apagando mis ojos y está en agonía
salen lagrimas largas de noche y de día,
no dije a nadie, he sufrido con hidalguía
esta ceguera que se acerca... cada día.
BLASON

¡CALLARE!

¡Callare!
Solo mi voz será escuchada en silencio
donde las piedras le gritan a los cielos
aquella agonía de las olas en aquel puerto,
donde había anclado mi barca desde Enero
debo callar y alejarme
... con reniego.

¡Callare!
No enunciare palabra que te mortifique
ni habrá una lisonja que hoy te anime,
solo admirare aquel mar que dijiste
seria el escollo de nuestro cariño
mas no es necesario si el es amigo
y sus olas me arrastraran
... a tus dominios.

¡Callare!
No silbaré siquiera a lo lejos
ni tratare de gesticular alguna frase,

respetare el silencio en tus afanes
y la mudez que tu me solicitas
solo gozare en la distancia de tu sonrisa
y el saber que tu amor... es mi delicia.

¡Callare!
Si callare... por ahora.
BLASON

LETRAS FRIAS

No haz de juzgar tus letras
por su estado o composición,
salen del alma o del corazón
directa a la página que tu dedicas
no piensas en editar lo que te dicta
aquel estado de ánimo que te abriga.

No puedes decir que tan frías
pueden ser tus versos en tu agonía
si la misma muerte es calor que asimila
cada célula de mi ser y mi apatía,
solo el lector dedica segundo que dicta
si es frialdad o la pasión
... que te domina.

¿Letras frías?
Si salen de ahí, donde amas a quien admiras
postrado en tu lecho y lo ves todos los días,
es tu gran amor que habita en tus caricias
y aquel respeto que a él... tu le dedicas.

¿Letras frías?
Si son tantos años que a tu amor le reprimías
aquellas frases que tu poesía hoy explica
crees que es tarde lo que dice tu fe escrita
y te sientes culpable y te sientes
... en la ruina.

¿Letras frías?
Si hay descendencia que por otros lares habita
lleva la sangre de la unión que hoy transita,
no estes tristes que tu poesía es infinita
tu le das el calor a las letras que tu
... llamas frías.

BLASON

ADIOS

Dijiste adiós
y no sé si fue sincero
si aquel timbre que sonaba como susurro
era la real apariencia de lo tozudo
de tu accionar necio... y ceñudo.

Dijiste adiós
aunque me cuesta un poco creerte
por decirlo tras la ventana de griseles,
que es opaca y se entiende lo que quieres
entre luces que la sombra... se entretiene.

Dijiste adiós
ya tantas veces escuche el verbo urgente
de querer irte aun con el amor que tú me tienes,
son las razones tan vacías que tú debes
son poca cosa las causas... que tu emprendes.

Dijiste adiós
y deberé obviarte la despedida que tu quieres
en medio de la resignación que anhelas y no se puede,
no he de rendirme al adiós que tu sostienes
por que luchare a escondidas... sin que te enteres.
BLASON

ANSIA INFINITA

Cuan fuerte es la ansiedad misma
aquel fuego que quema tu aneurisma,
me buscas por el este, oeste y en las Antillas
agachas tu cuerpo y divisas... tibia orilla.

Cuán grande es el amor acaecido
en medio de letras negras sin olvido,
quieres verme pequeño en tus dominios
deseas hallarme al alcance de tus manos con alivio.

Cuán grande es el afán ya demostrado
en cada verso que leo de frente y de soslayo,

descifras las gotas del mar en su relajo
deseas las letras del poeta en loco ensayo.

Cuan inmenso es el amor con el mar mismo
aquel que le pides a gritos estar conmigo,
le hablas quedamente pidiéndole el estar mio
le dices en silencio que te acerque
... este Domingo.

Cuán grande es mi querida poetisa
aquel sentir que en ti he despertado,
sigue leyendo en tus manos recado enviado
que anuncia la llegada de aquel
... a quien haz amado.
BLASON

ENTRE PIEDRAS Y CARACOLES

Ahí en la orilla adormecida
donde bravía ola descansa su agonía,
relega fuerzas en la arena que entibia
el frio de sus aguas que es infinita.

Ahí en la orilla ya enmarcada
donde mueren las olas bajos sus ansias,
se halla la poeta en pareo y descalza
en busca de noticias que ella ansiaba.

Ahí en la orilla te hayas refrescante
con la esperanza de un estar que no retarde,
rebuscas entre piedras triangulares
pequeñas letras que te escriben...a distancia.

Ahí en la orilla tu te afanas
entre caracoles que separas de la nada,
la esquela prometida que tu esperabas
con la nueva que tu amado... pronto anclaba.

Ahí en la orilla sumergida y poco amarga
por las olas que le atacan a mansalva,
entre piedras y caracoles tu buscabas
aquel verso que tu amor... te regalaba.
BLASON

DESPIERTA AMOR MIO

¿Por qué este lamento?
De donde sacas ideas sin sustento
de querer la nada si tienes todo en los encuentros
en cada beso que nos damos en silencio
entre las olas que mueren en espacio incierto
tu dijiste amarme sin vocablo nuevo
y yo entendí... ese silencio.

¿No sé por qué este martirio?
Dices morirte en tu nada y no comprendo
en cada línea que dedico a tu mar bello
con cada estrofa que canto en mis adentros
con esa mujer que acaricia sus gotas en lo extenso
sobre las rocas que resguardan el mar bello
y da realce a la dama... en su contexto.

¿Por qué sufres amor mío?
Si me tienes a mi entre lo inmenso
entre las olas llegan murmullos nuestros
que se mezcla en el ocaso que alimenta el mejor verso
con aquel sunset que dibujaste en silencio
y yo grafique en mi alma... en todo momento.

No sufras más amor mío
que aquí estaré en tu mente y en silencio
te acompañare a las aguas en su momento,
seremos fuego que se mantiene sobre sus fueros
no habrá tanto mar que apague
... el amor nuestro.
BLASON

NO PONGAS ESA CANCION

Escucha amigo,
oye con calma aquellos momentos
que expresa el autor con sentimiento,
sufrió de amor, de pena en su tormento
se fue aquella que amo… todo el tiempo.

Escucha amigo,

se escuchan las notas de la canción triste
que desgarra el alma en sus cimientos,
se oyen gritos de pavor y resentimiento
de un adiós que le dieron... en su momento.

Escucha amigo,
se oye la melodía que contagia el llanto nuestro
de aquella pérfida que se burló del sentimiento,
llora en silencio al cantar en cielo abierto
lamento su suerte y la mujer...que fue su encierro.

Escucha amigo,
ahí van tocando de nuevo el vals siniestro
que llaga el corazón con sabia y sin lamento,
quien creara la canción de dolor pleno
que dice mucho, calla poco... es un infierno.

Escucha amigo,
pídele al cantinero que no ponga ese disco
que lastima mi ser en sus adentros,
la escribí un día que se fue el amor bello
y aun la lloro aunque el mundo
... este en silencio.
BLASON

TE HABLARE EN VERSO

Escúchame querida,
que tal vez no entiendas líneas dichas
por este poeta que te canta y te recita,
te dije en versos que el amor hoy me invita
a expresarte mis deseos... y mis caricias.

Escúchame querida,
que quizás haya palabras rebuscadas
para realzar las rimas ahí preparadas,
te dire estrofas que hoy salen del alma
de este poeta que te quiere... y te extraña.

Escúchame querida,
que mi pluma redacto en líneas extrañas
cada deseo que mi corazón hoy declama,
te diré en versos que sos vos mi esperanza
eres el mundo que creo Dios... sin decir nada.

Escúchame querida,
que sos tú la musa inesperada
que llego a mi vida y se esfuma sin decir nada,
se que me amas y le temes a la distancia
pero existe la prosa que te mantiene
… en mis instancias.

Escúchame querida,
que hoy el poeta te recita la oda extraviada
que se perdió en las olas ahí, en marejadas,
llego a la orilla y en la arena fue transformada
en dulces líneas que mi pluma
… te relata.
BLASON

QUISIERA ODIARTE

Quisiera odiarte,
poder renegar de haberte conocido
de maldecir los días alusivos
a tanto encuentro en aquel encierro
donde fue idilio de loco fuego
de un amor casi funesto
donde quitaba el aire
… aun despierto.

Quisiera odiarte,
poder quejarme de haberte conocido
de aquellos besos en aquel parque divino
en medio de gente que parecían conocidos
con esa sonrisa de alegría y de permiso
de poder brindar el sentir que había nacido
Y que hoy se va en rumbo
… desconocido.

Quisiera odiarte,
poder gritarte en medio del silencio
que todos sepan que heriste mis sentidos
que dañaste mi alma en pleno regocijo
con tanto puñal extenso y de buen filo
que dejo corte entre los ojos que admiro
y que parecen vacíos, sin sentir
… y sin cariño.

Quisiera odiarte,
poder decirte que te he olvidado
que fuiste canalla al haberme tu dejado
en la agonía de un banco destartalado,
quisiera reñirte por dejarme en el fango
pero aun discreto, apartado y alejado
debería odiarte pero
aun ...sigo amándote.,
BLASON

APARTATE DE ELLA

Aléjate,
no quiero verte más en su delante
mostrándole tu aquel talante
de sentirte poderosa en tus afanes
con su autoestima que tu quebraste.

Aléjate,
no quiero verte más murmurando
que sigue ella después del diablo,
que esta truncada de ver que han volado
aquellos seres... que sigue amando.

Vete,
que ella aun lucha por mantenerse
en larga brega que tú le tienes,
pero no hay deseo ni loca muerte
puedes tu irte... donde tú quieres.

Vete,
no le amedrentes con tus mentiras
que ellos la esperan en sus noticias,
solo deseas que su alma herida
sea tu triunfo... y su delicia.

Aléjate,
deja que viva de los recuerdos
de aquellos trajes que ella va viendo,
de las anécdotas de seres bellos
que aun la cuidan... en su destierro.

Vete,
no la atosigues con tu presencia
con las historias que tu le cuentas,
que se sienta viva en las estrellas

que le dejo aquel hijo... sobre su cuesta.
BLASON

EN PRIMERA INSTANCIA

Sufre mi corazón acompasado
de aquel pum pum que sobre sale,
se acerca el instante esperado
de poder tenerte… en mis brazos.

Sufre mi alma amedrentada
por tanta agonía que resalta,
ella se acerca o se para
es mucho el fuego que me opaca.

Sufre mi consuelo una debacle
no atina al sentir que me debate,
no acierto aquel beso que dejaste
en tantos versos que por siempre
… me dedicaste.

Sufre mi tiempo y mi suplicio
duele el saber que esta afligido,
ella me espera en la orilla de mar bravío
en la esperanza de la llegada
… de mi navío.

Sufre mi cuerpo el desatino
detienen mis pies en su asilo,
trata de correr tras su cariño
busca que abrazarla
… es su destino.
BLASON

LE TEMO

Navega mi ansia arropada
en medio de mareas dispuestas,
enlazan verdades propuestas
por este sentir que me embarga.

Culmina mi ego su tertulia
escribe a su dama prosa cruda,
revela en ella un quisiera que habita
en medio de orilla aun no perdida.

Se tiñe mis olas de un verde profundo
como aquellos besos tan sanos y rotundos,
es ese mi sueño que nació en lo oscuro
entre la sonrisa y tu voz... en mi terruño.

Así me siento como el mar bravío
Que envuelve su marea sobre seguro,
No teme la noche entre lagos profundos
Le teme a tu ausencia que se aletarga
... en lo oscuro.
BLASON

BAILA

Baila,
festeja conmigo el día anunciado
de aquel gran amor que ha iniciado,
es vano el intento de propios y extraños
de querer alejarnos cuando en mi
... te haz mudado.

Baila,
que sepan aquellos que me estas amando
que no es un sentir que en la esquina ha bajado,
nació entre letras que dios ha creado
usando al poeta que plasmo... con agrado.

Baila,
que vea la gente que bien nos llevamos
con pasos acordes al tango anunciado,
será cuesta abajo la pieza acordada
mas no el amor que subió... sin escalas.

Baila,
Que no es menester lo que piensen aquellos
Que se mofan de besos que envía el sereno,
Baila y que no se trunque tu paso seguro
Que es mío tu amor y mi cantar... es tan tuyo.
BLASON

IMAGINACION

Ya llevo pensando en mil artimañas

de poder yo verte aunque mil mares separan,
aquellos labios que tu más ansiabas
de aquel porque de un beso... que espantas.

Ya llevo en mi mente tu prenda sonora
aquella ilusión que a mi se acomoda,
imaginas al hombre sentado en la alfombra
que conforma la orilla en la isla que llora.

Ya llevo en mi aurora las delicias pensadas
de caricias creadas cada día en la playa,
suavizando tu cuerpo con arena quemada
por la excelencia del sol que a ti te acompaña.

Ya llevo imaginando los momentos tan nuestros
de tanta espera que la cordura ha maniatado,
la locura por sentirte cada vez ha encontrado
ese coro normal de sentirme… amado.

Ya llevo queriendo lo que tanto he soñado
de poder yo abrazarte sobre la orilla soleada,
aunque sea de noche la llegada anunciada
para nosotros saldrá el sol y jamás habrá
… un mañana.
BLASON

ALABANZA

Quieta mi alma en su regocijo
inquieto mi canto en su revoltijo,
alimenta mi ego su mana bendito
en cada salmo que a él le dedico.

Quietas mis piernas en su melodía
elevando mi voz en su alegría,
alborozo inmenso cuando canto la dicha
que produce en mi ser, su gracia divina.

Quietas las bancas en su aposento
en aquella casa que Jesús ha propuesto,
le dedico las líneas de mi amor ex profeso
le entono con ansias mi pasión y mi fuego.

Quietas las nubes en un Domingo tan tuyo
en la excelencia de mis cantos profundos,

te dedico mi oración en un suave murmullo
te dedico mi vida, mi señor... en tu arrullo.
BLASON

ERES TÚ

Eres tú,
aquella que mi sensación clama
envuelta en la seda que te acompaña,
es débil la prenda que te acaricia
es sutil las manos que hoy
... te la quitan.m
Eres tú,
aquella que mi canción proclama
en cada mañana que el sol me levanta,
es tuya la voz que prefiero guardarla
cuando llegue el sueño y tú
... me rescatas.

Eres tú,
aquella villana que roba mis ansias
que deja mi mente en lunas opacas,
es turbio el horizonte cuando tú te marchas
es blanco el piso cuando tu
... me llamas.

Eres tú,
aquella doncella que llena mi alma
de tanta lisonja de cada mañana,
me llena de orgullo saber que me amas
se infla mi pecho al saber
... de tu arrullo.

Eres tú,
aquella mujer que me espera aquel día
donde aterrice aquel pájaro que lleva mis cuitas,
me alojare en el fondo del corazón que me cita
en medio de versos que mi pluma
... recita.
BLASON

EN LAS MONTAÑAS

Silva el aire tan misterioso
envuelto en voces y leves roces,
canta al amor de sus señores
aquellos que murieron
... en sus albores.

Eco intento en sus esferas
llamados agónicos de aquella estela,
susurra despacio aquel que espera
llantos ajenos... de dama nueva.

Silva el aire con tal fuerza
simula mi canto a las estrellas,
le entona melodía a mujer bella
que subió de pronto... bajo cubierta.

Silva el aire la canción vieja
aquella que cantaba mientras festeja,
tonadas tristes de cuando era
mañana feliz... en mi frontera.

Silva mas viento incontrolable
demuéstrame su voz de aquella tarde,
no hay consuelo, mi pesar es grande
ella se fue y mi vivir... es un desastre.
BLASON

NO TE ENOJES

No,
no maldigas por las palabras expuestas
en líneas nuevas que me recreas,
no importa el papel donde lo adornas
son para mis ojos... las dulces hojas.

No,
no maldigas aquellos versos tuyos
que dejaste en el correo de un amigo,
sabias bien que seria leído
por mi necesidad... de estar contigo.

No
no te arrepientas de poesía corta
donde me dejas tamañas notas,

entenderá el que a mi me antojas
no hará suyas la prosa... que tu arrojas.

No,
no te arrepientas del sentir tuyo
que ha navegado en mi terruño,
solo fue traspiés que me atribuyo
pero es mi sentir... tan solo tuyo.

No,
no maldigas el estribillo que tu dejaste
en un panel que no es mi estandarte,
más lo que dices es todo un arte
es para mi la delicia... de tu arte.
BLASON

EN TUS REDES

He caído en un hondo abismo
ya mis amigos se han corrido,
tengo a mi madre en mi dominio
donde la droga... se hizo amigo.

Voy preparando pucho maldito
que me ahoga en mis sentidos,
aspiro el humo como un bendito
imagino cosas... luego me río.

He asumido conducta extraña
por la ansiedad de polvo que daña,
he adelgazado y mis entrañas
son radiografías... muy mal pagadas.

Hoy por las calles ando tan sucio
que me han tildado de indigente,
se va alejando de mi la gente
que me aconsejaba... que yo lo deje.

Ya se enfundo la droga maldita
un edecán que a él lo asista,
voy arrastrando a los que ansían
vivir un mundo... que no imaginan.

He caído en la más cruel desgracia
donde he perdido toda mi infancia,

quiero salir de esta arrogancia
que me produce ella... en su lactancia.

Quiero salir de este mundo oscuro
donde este vicio me ha arrinconado,
quiero vivir como lo han soñado
quiero ser libre... de mi pasado.
BLASON

TE ESCRIBIRE

Te escribiré,
he de crearte los versos míos
que se realcen cuando los dicto,
que se levanten los resentidos
con este sentir... que no domino.

Te escribiré,
he de contarte que he perdido
aquella cordura que he merecido,
me haz llevado al lugar prohibido
donde he arropado... mi tibio frío.

Te escribiré,
quizás no sean versos elocuentes
que te realcen cuando tu quieres,
deseo contarte lo que prefieres
pero mi pluma... tal vez no quiere.

Te escribiré,
con tinta negra que no se acaba
de recitarle al amor en miles cartas,
declamare todas mis ansias
envueltas en letras... que tu relatas.

Te escribiré,
encontrare las palabras adecuadas
que puedan robarte sonrisa grata,
mas mi costumbre siempre se jacta
de aquel desamor... que el le canta.

Te escribiré,
así haya compuesto miles de poemas
que ya la editora un dineral cuesta,
saldrá mi biografía de poesía dispuesta
a poder enamorarte... aunque no quieras.

BLASON

POR PIEDAD, TIERRA
... DEJA DE TEMBLAR

Allá por horizontes lejanos
donde el prójimo habita,
remece su base y le incitas
el miedo de un fin que se cita.

Allá por los montes y montañas
donde la sierra es virtud y esperanza,
se mueven los ríos en su marejada
remueve la tierra la furia escarlata.

Allá por las costas aledañas
de mi vecino país que se afianza,
sacudida feroz de suelo que amaga
el eclipse total de la faz que se apaga.

Allá donde la existencia ufana
de religiones que difieren y exclaman,
sacuden sandalias, vestidor s faldas
aquel ocaso de Dios que se amarga.

Allá donde el hombre le teme harto
aquellos sermones de tierra y olivo,
sacuden los sismos la fe en su prodigio
se aferra a la vida la gente
... sin abrigo.
BLASON

QUIEN DIRIA

Yo que de afanes mendigo
de sentires ni respiro,
mi hablar busca nido
de las ansias que duplico.

Yo que de besos cubría
doncella que sentir provenía,
lazos su cuello asían
aquel amor que apenas nacía.

Yo que de ilusiones huía

de sueños que vivir ayunaban,
sentí la presión no grata
de seguir la secuela inexacta.

Yo que pensé que no existías
que tu molde de antaño provenía,
quedo pues ejemplar en codicia
de aquellas personas que aun
...solicitan.

Yo que de ironías viajaba
con fantasías jamás provocadas,
hoy sienten mis manos perladas
la bella joya que desde hoy
... me besaba.
BLASON

SOLO UN SUEÑO

Llega la brisa en su portento
en suave murmullo mañanero,
abre las cortinas en su vuelo
refresca su cuerpo con esmero.

Surcan retoques en sus senos
aquellas caricias en recuerdo,
le llega la imagen de aquel sueño
quisiera creer que logro hacerlo.

Llega la mañana en su apogeo
siguen los rayos bello cuerpo,
denota las líneas en sus fueros
aquella miel de sus miedos.

Surgen del aire los momentos
de aquella demostración de lo etéreo,
recuerda sus brazos sin quererlo
desea amarlo, aunque el
... sea un sueño.
BLASON

TOCAME

Tócame,
que mi ser te ansia
en cada minúscula parte mía
que sufre al no verte en el día,
deja tu huella en mi
sobre la piel que se marchita,
déjame sentir solo hoy
que todo tu amor
... es mi vida.

Tócame,
que mi cuerpo a gritos lo cita
con ese coqueteo que a ti te excita
con ese ademan que solo me invita,
deja tus manos
sobre mi brazo que dolida
se mueren sus nervios
no siente
... caricias.

Tócame,
que mi agonía quizás debilita
aquella sensación
que tu amor me prodiga,
deja tu piel
entre mis piernas tendidas
que sientan el calor
que tu estremecer
... ratifica.

Tócame,
que mi alma en su guarida repite
en loco afán de lograr su desquite
de no verte con sol y la luna persiste,
deja tocarte
mientras tu me desvistes
déjame sentir
lo que tus senos
... insisten.
BLASON

NO LO SE

Calla amigo,

No me preguntes más
Ni insistas en tu cometido,
Me hallo aquí confundido
Con cuestiones que solo abrigo.

Calla,
que tu afán de saber me prodiga
aquellas intrigas que tú me debías,
me sabe a mentira tu falsa desidia
quieres timar, mi amor y mi vida.

Calla amigo,
no me preguntes por ella
que su vida no te merece,
dejaste su vuelo perderse
y hoy su retorno prefieres.

Calla,
yo aborde el destino mezquino
que tu soberbia solo deshizo,
ella me ama, es su destino
ya no te recuerda
ni siquiera... tu olvido.

Calla amigo,
no preguntes más por favor
que me duele tu perseverancia,
solo revistes tu arrogancia
con la vanidad ya perdida.

Calla,
que su enojo aun le visita
por aquel abandono de antaño,
yo le di el abrigo siendo extraño
ahora te acercas, y quizás
... causes daño.

Calla amigo,
no preguntes más su paradero
ni le llames en pleno Febrero,
se aleja la fe que nunca tuviste
de verla a lado comiendo perdices.

Calla,
que la amistad su ruptura quisiste
el amor de aquella perdiste,

ni siquiera tercero quedaste
de una vida que tu
… despreciaste.
BLASON

NO NACI PARA AMAR

Maldito el destino que dolor me trae
producto inefable de tu desdén rutilante,
adiós sangrante para caballero andante
que perdió su amor, y no se consolarme.

No hay sitio donde yo pueda albergarme
escondite sombrío que intenta inquietarme,
no hay sentir que hoy logre quitarme
la honda pena... que aquí me dejaste.

A quien he de pedir socorro o desahogo
que seque mis lágrimas de color rojizo,
sangra mi alma y aun siente el enojo
por dejarte escapar sin ser ese mi antojo.

Tiemblan mis manos en su pronta despedida
la última frase de mi insípida poesía,
los últimos versos para mi dama dolida
porque al perder mi musa... perderé yo mi vida.

No nací para amar en esta ni en otra vida
no nací para amar y al irte tu... se acabó mi poesía.
BLASON

MI PENULTIMA POESIA

Quiero dejar ante propios y extraños
como preludio de un final no empezado,
la penúltima poesía en mi confín deseado
los versos escritos con el tinte empañado.

Quiero dejar entre lágrimas y lamentos
la obra exquisita que aquí yo les dejo,
le escribí al desamor por los años enteros
y ahora protagonista, con la sal de mi ruego.

Quiero dejarles el preámbulo de un ocaso
con la miel añeja de un siglo ya pasado,
el ayer en su epopeya como recuerdo ha quedado
en aquel libro deseado... que no he publicado.

Quiero pues dejarles mi obra en la antesala
del último concierto que mi pluma ensayaba,
que sea augurio de mi alma que hoy se disfraza
para no ser vista vacía... y en plena desgracia.

Quiero aquí dejarles para su eterno recreo
la penúltima poesía de este pobre bohemio,
mis líneas se alojan y del frio se arropan
de una despedida, que en mi próxima poesía
... será escrita.
BLASON

TRAGO AMARGO

Hoy en medio de esta noche estrellada
donde aún la luna su presencia me quitaba,
quiero libar del licor de mi plena desgracia
para quitarme este sabor amargo, que ya se propaga.

Aquí rodeado de mil hojas descartables
con los poemas que arrojare hoy por los aires,
se llevaran mis versos y con ellas el corazón
que con tu enfermo desdén... despreciaste.

Poco es el tiempo que mi soledad tiene
porque ahogarme en ron mi sed prefiere,
nula mi sensatez de aquel licor proviene
vacía mi vida, mi nada aquí se detiene.

Déjame pues beber y embriagarme
no quiero recordar ni lamentarme anhelo,
quiero vivir sobre los recuerdos borrados
por aquella mujer, a la que ame, como a nadie
... he amado.
BLASON

ME DIJISTE ADIOS

¡Me dijiste adiós!
Y es mi agonía una sinfonía aun no escrita

por los compositores que antaño componían,
mi angustia me ha llevado la más cruel cortesía
de la soledad a la que tanto tanto... aborrecía.

¡Me dijiste adiós!
Y es tal el dolor que mi corazón hoy experimenta
como desgarro que mis adentros hoy lamentan,
gritos internos en las noches frías me despiertan
y aflora mi soledad, mi llanto... mi desazón.

¡Me dijiste adiós!
Y espero menguar mi dolor para que aquellos míos
que han visto mi sufrir y mi llorar por muchos sitios,
no sepan de mi pesar y de mi corazón dolido
para evitar las explicaciones, la compasión... el olvido.

¡Me dijiste adiós!
Y ya no es soportable este llorar y este sufrir
que me lleva y empuja a un final no muy feliz,
me dijiste adiós y a un rincón del mundo iré a morir
donde no me veas perdido y llorando... aun por ti.
BLASON

MI DOLOR

Fustiga mi existir el alma que llora
señalándome mis yerros y mis pocas glorias,
que me espera si la esperanza es poca
si ya no quiero y todo anhelo, resulta roca.

Latigazos llevo en mi vientre dolido
sin haber recibido el golpe asistido,
me muero en silencio y el eco fingido
de una sonrisa que a lloro... ha sabido.

Sigue mi desesperanza en pleno agujero
donde quiero esconderme y sentir que pierdo,
tirare la toalla sobre el suelo casi perverso
que me quita el aire y mi respirar... es lento.

Ya no es mía la necesidad de vivir o morir
ni tuya la esperanza de morir por no vivir,
para que vivir si mis días no saben a carmesí,
prefiero morir con cada gota... de mi sentir.
BLASON

Y CALLO LA LUNA

¡Y callo la luna!
Motivos muchos la llevan quizás
al momento exacto del silencio,
cuando los enamorados inexpertos
buscan su sabiduría... su consejo.

¡Y callo la luna!
Para desgracia de muchos y otros
que esperan sus frases en sus entornos,
las silabas perdidas en sus antojos
no dejan reparo, ni su recelo propio.

¡Y callo la luna!
Razones muchas dejo el poeta ensimismado
aturdido y quizás un poco de ella extrañado,
se mofaron de ella y tal vez en su descargo
les deja la enseñanza de no tenerla... a su lado.

¡Y callo la luna!
Más no sé por cuánto tiempo ella este callada,
absorta y con su mirar sobre nuestras espaldas,
aquella que le dimos cuando más lo necesitaba
como nosotros de ella y su revancha... es aceptada.

¡Y callo la luna!
Y con ella... nuestra esperanza.
BLASON

¡AY AMOR!

¡Ay amor!
Inútil es buscar ya más definiciones
entre el léxico de los miles señores,
adjetivos vanos que sobre los hitos
aparentar definir nuestro sentir exquisito.

¡Ay amor!
Estoy perdiendo la cordura inmediata
por tratar de hallar la palabra exacta,
decirte te amo parece que no abarca
este inmenso sentir, que mi pecho reclama.

¡Ay amor!
No sé cómo llamarte o decirte en la noche
en aquellas aceras donde se oyen motores,
mis labios sellados no hallan más precisiones
para acentuar este amor, que incendia rincones.

¡Ay amor!
Dime tu o ayúdame a salir de este apuro
de querer nombrar este amor que es tan puro,
saldrá pronto de mi los versos más comunes
pero llevaran la firma, de este amor... que es inmune.

¡Ay amor!
Como llamar a este amor que nosotros sentimos
sin ser mezquinos ni aparentar que esta dicho,
hallare en los cuatro puntos distintos y veras
que poder definir, este amor tan bello... y sinigual.
BLASON

OTRO AMANECER

Amanece ya,
y puedo disfrutar del día aun con el frío
recordando los besos que ayer nos dimos,
entre el murmullo y los jóvenes no atrevidos
que buscan la experiencia, de amantes conocidos.

Amanece ya,
y el móvil repica y repica con tal insistencia
ante las primeras letras de tu mano bendita,
palabras que alimentan mi alma con caricia
que lleva tu verbo, tu amor... tu sonrisa.

Amanece ya,
y son ahora los minutos poco héroes poco villanos
deteniendo o avanzando su andar extraordinario,
siguen los pasos mi mente y mi corazón acelerado
con pausa interminable que mi paciencia ha minado.

Amanece ya,
y veo el crepúsculo dibujado en mis mañanas calientes
donde ni el frío, ni el clima titubea en mi frente,
estas en mí, desde que aquel sol cobarde aparece
y llegan tus voces, tus besos... para mi despertar paciente.

Amanece ya,

y es mi sentir un poco más inmenso que el día pasado
con más fuerza y más deseos de tenerte a mi lado,
te dejo estas letras como el epilogo de un estar ansiado
cuando culmine el día y a tus brazos... habré llegado.
BLASON

SABADO DE GLORIA

¡Sábado de gloria!
Si, por que mil ángeles entonaron
bellos salmos de esperanza,
al ritmo del pop y la salsa
juntamos los pies en plena sala.

¡Sábado de gloria!
Si, por que renovamos nuestro juramento
de este amor puro y sincero,
que nadie romperá ni en mil intentos,
ni mellara, nuestro sentir concreto.

¡Sábado de gloria!
Si, lleno de recuerdos y futuros ciertos
escritas con sal y la miel de tus labios,
entre los ríos de nuestra sangre vertida
en este pacto de amor... y caricias.

¡Sábado de gloria!
Si, donde el jubileo de los cristianos
cantando alabanzas llenos de esperanzas,
divisan nuestra dicha que hoy profana
este silencio celestial, que en bullicio estalla.

¡Sábado de gloria!
Si, la gloria que siento... Al tenerte en mi vida.
BLASON

MI MAS BELLA POESIA

¡Mi más bella poesía!
Aquella que escribo al inicio de mis días
con las señales que mi corazón me dicta,
con mi pluma deslizándose sobre su sonrisa
dejando mis versos en tu pronta salida.

¡Mi más bella poesía!

Aquella que empieza a ser escrita de repente
con el abrir de mis ojos ante el sol renuente,
el verbo amar de mis labios se desprende
creando las líneas... de una forma elocuente.

¡Mi más bella poesía!
Aquella hecha con mi pensar profundo
gritándole al cielo mi celo rotundo,
que teme que mis estrofas se pierdan
en el andén extenso de mi ego nocturno.

¡Mi más bella poesía!
No es aquella compuesta de rimas vacías
olvidando las tildes y las comas cursivas,
son más bien los dictados de mis días comunes
desde que estas en ellos, con bellos perfumes.

¡Mi más bella poesía!
No fue escrita meses o años pasados,
épocas o eras de hombres más sabios,
la más bella poesía fue hecha este día,
este año y con fecha 3 de Abril... quedo grabado.

¡Mi más bella poesía!
Fue ya empezada, pero aun... no concluida.
BLASON

¿TE CASARIAS CONMIGO?

Hoy este poeta de ti enamorado
usara este poema para ti escrito,
donde dejara esta proposición dicha
esperando en la antesala respuesta.

Hoy este poeta con delicadeza presta
te deja una declaración ya pensada,
esperando un sí de tus lindos labios
para la dicha... que tanto he soñado.

Dejo pues mis intenciones grabadas
en este poema que no esperabas,
la sorpresa en tu rostro quedo dibujada
y tus ojos chinitos, de emoción lloraban.

Hoy este poeta ante ti se arrodilla

con una rosa y una tímida sortija,
te pide humildemente con gracia infinita
que te cases con él y seas su esposa
... hasta el final de sus días.
BLASON

Mi BUEN AMOR

Tú, que llegaste a mi vida en pleno aguacero,
secando mi rostro del llanto eterno,
alumbraste mis días y las noches se han vuelto
infinita gloria con tus ojos serenos.

Tú que me distes el aire para mi respirar diario,
bocanadas de miel con tus exquisitos labios,
endulzaste mi paladar, que era amargo,
y mi ayuno se acabó aquel día que nos besamos.

Tú que encendiste la luz en mi oscuridad inmediata,
con tus faros marrones sobre la fachada rosada,
me dejaste el matiz del edén que deseaba
y me pintaste de colores, mi corazón...y mi alma.

Tú mi buen amor ,
que me llenaste de calor cuando mis manos se helaban
cuando mi cuerpo empapado tu piel enjugaba,
mi ego se infla al llegar la madrugada,
y al llegar la alborada tu rostro llegaba,

Tú mi buen amor, la realidad.... que yo deseaba.
BLASON

EL TIEMPO

Tic tac,
¡Ay reloj malicioso!
Tu que detienes tu andar presuroso
corre raudo porque mi alma,
ansia ya ver a su niña adorada.

Tic tac,
¡Ay reloj malvado!
Que truncas la dicha de los enamorados,
angustia infinita que mi voz a elevado
en un grito de protesta, que el cielo ha escuchado.

¡Ay tiempo cruel!
Que azuzas mi corazón con tu desdén
con pausa que daña mi paz y mi edén
avanza rápido que mi amanecer
se convertirá en sombra, de mí padecer.

¡Ay tiempo malsano!
Ten piedad de mi alma enamorada
y permite la dicha que me fue reservada,
mira que mi niña bonita en la antesala
espera por mi, con su sonrisa escarlata.
BLASON

ENAMORADOS

¡Estamos enamorados!
Puede sentirlo el mundo entero
al ver por las calles nuestros besos,
el fuego reinante en nuestros cuerpos,
pasión desmedida... en sus momentos.

¡Estas enamorada!
Se puede distinguir cuando me miras
cuando me cruzas la mano por mi mejilla,
cuando me das un te amo en la avenida
y te entregas a mis brazos... a mis caricias.

¡Estoy enamorado!
Así me siento cuando estoy dondequiera
visualizando tu rostro en todas partes
cuando miro tus ojos bajo la luna cohibida
que se amilana ante tu belleza... y tu sonrisa.

¡Sí, estamos enamorados!
Cantando y sonriendo por cada parque
donde interpretan los coros, pájaros celestiales,
la melodía es moraleja para los amantes finales
y las notas, los versos... de poetas magistrales.

Si, estas enamorada... de un poeta, que te ama.

Sí, estoy enamorado... y lo demás, no importa nada.
BLASON

NUESTRAS CANCIONES

Escucho la música de nuestras canciones
me embriagan las notas multicolores,
se oyen murmullos y los ruiseñores
apagan el clamor de muchos tenores.

Se oyen las bandas en suaves tonadas
respira el autor y saludos te manda,
"hasta ya no respirar" con el alma entonaba
y una lagrimas derrame, en mi tímida almohada.

Se escuchan los instrumentos en cielo azulado
danzando las estrellas sobre divino escenario,
juntamos nuestros rostros sobre lecho dorado
y mil suspiros al cielo... hemos ya enviado.

Se escucha otra vez nuestro himno escogido
en idioma nuestro porque Dios lo ha querido,
"Yo te voy a amar" es el título escogido
que bendecirá nuestro amor... a través de los siglos.
BLASON

PELLIZCAME POR FAVOR

¡Pellízcame por favor!
Hazlo de un modo tal que pueda reponerme
entender lo que pasa en mis dias felices,
no puedo creer que esa niña a mi me quiere
y que me entrega su amor, hoy para siempre.

¡Pellízcame por favor!
Que sea fuerte y con el ímpetu necesario
para poder comprender lo que estoy pasando,
me siento en las nubes y en tráfico pausado
distingo a los ángeles sobre sus alas de encanto.

¡Pellízcame por favor!
Aquí, en este hombro que se siente adormilado
como todo el resto de mí que esta ensimismado,
por este querer que llego un día muy festejado
en un parque limeño sobre los curiosos pasando.

¡Pellízcame por favor!

No temas causarme daño que seré indulgente
no gritare ni te morderé aquel brazo doliente,
solo quiero saber si es un sueño muy complaciente
o una hermosa verdad que muchos de ustedes... no tienen.

¡Pellízcame por favor!
Que quiero y no quiero despertar de este sueño
donde mi querida doncella sobre mi pecho me tiene,
quiero saber si mi realidad sobre su alma retiene
esta inmensa felicidad que mi vida... hoy tiene.
BLASON

MI CARAMELITO

Dulce primario sobre un frio algo cálido
entre el aire sereno de un salón achicado,
como la flor en su encierro imaginario
me he deleitado con aquel beso soñado.

Tiene mi niña entre sus labios excelsos
la miel taciturna de mis días de apego,
aun yo recuerdo aquel ósculo en silencio
donde no importo la música, solo el momento.

Aun hasta hoy aunque son pocos los días
casi tres meses de una hermosa alegoría,
me queda el sabor de aquella bella melodía
donde unimos nuestros labios en tibia amanecida.

Tierno caramelo que me robe los días primeros
de aquel mes de abril que quedara en el recuerdo,
pasaron los años y entre los baúles contentos
encontraremos los versos de los días más bellos.

A ti mi caramelito te entrego yo estos versos
que con una pizca de romanticismo te dejo en silencio,
de este poeta que nació para pleitesía de tu ego
y para dedicarte mi vida y engreírte... yo quiero.
BLASON

MI DELIRIO

Total es el delirio que habita en mi cuerpo
con el estremecimiento que abunda en mi ego,
me siento orgulloso por el sentir que mantengo
con aquella flor que me arremolina en el viento.

Causa probable de mis desvaríos incesantes
es esta mujer que la llevo a todas partes,
sus ojos marrones me arrinconan en los lares
donde pasamos de la mano, con poses iguales.

Absoluta locura invade mis días venideros
demencia total de sus encantos serenos,
su mirada es paz y mi alegría un contento
que pierde la cordura en su mirar coqueto.

¡Ay mujer de mi alma que me tienes ido!
Mis versos salen como un laberinto urgido,
los caminos se cruzan como mi mano en el limbo
por irte buscando por mis sitios perdidos.

Tu mi delirio to

AL AMOR DE MI VIDA

Hoy quiero darle un espacio merecido
entre líneas de tinte negro y paje cohibido,
dedicarle los versos a la mujer que me cobija
y que me regala su corazón... y su vida.

Es ya el momento propicio y tal vez exacto
para contarle a tanta gente lo que mi alma siente
en cada mirada y en sus manos mi piel siente
que navego en mil mares y mi sed se vuelve añicos.

Hoy quiero recitarle a mi doncella en este invierno
entra arboles viejos y los canes con su dueño,
una hermosa poesía donde interprete lo que siento
y pueda enamorarla como quise... hace tiempo.

Hoy quiero declamarte amada mía con prisa
o quizás con pausa la más deliciosa elegía,
hecha con estas manos que siempre te ansían
y con la esperanza de poder verte... cada dia.

Hoy, si, hoy escribiré para ti de mi verbo reservado
aquellos que llevo en mi pecho durante años,
a ti te dejare estos versos que amarillo han quedado
para la mujer que nació para amarla... toda la vida.
BLASON

MI NIÑA ENAMORADA

Aquí en medio de las tertulias más grotescas
donde unos dicen lo que quieren o no piensan,
voy dejando en la palestra con mi letra repuesta
al amor de aquella niña que declare en fecha nuestra.

Abatido por los decires de tanta gente ignorante
que quizás no fueron novios, ni maridos ni amantes,
le voy dejando la moraleja de este amor interesante
de aquella doncella que no es de aquí, ni otros lares.

Aturdido por el bullicio de las palabras mal dirigidas
por las ninfas que nunca podrán llegar a ser divas,
van sacudiendo los cimientos al saber que mi alegría
me fue devuelta cuando conocí... a la niña mía.

Aquí en medio de un debate que no ha callado
con las mies de aquellos infames no enamorados,
me deslizo por los rincones para escribirte un poemario
donde puedo yo entregarte mi querer... por todos lados.

Acabo ya este escrito que llevaba un tono aciago
como si fuera este amor mala hierba en otro campo,
solo sé que no permitiré en ningún escenario
que me alejen de este sentir que espere... años pasados.
BLASON

MI DICHA

Larga mi agonía, en medio de esta dicha
que me tiene en espera y en angustia infinita,
sus pasos temibles sobre las lunas vacías
donde se esconde la sombra, de la distancia maligna.

Largo el camino donde es espesa la hiedra misma
que contamina el andar de la dicha mía,
donde mi pena se convierte en efímera alegría
y la felicidad fue falacia, en la mañana sombría.

Larga es entonces la esperanza solicitada
en medio de la oración sobre aquella capilla desolada,
me escuchaba el cura con el rostro que no encajaba
como si fuera difícil el milagro, que yo ansiaba.

Largo es el sendero de mi destino en su fracaso
como es precario el triunfo en mis años pasados,
es mi dicha una quimera o una realidad deseada
que me llega a las manos y su nubosidad... se escapa.
BLASON

LOS AÑOS QUE ME QUEDAN

Con los años que me quedan
he querido graficar mi herencia escrita
mil y un páginas que amarillo no aparecían,
sobre grandes paginas o breves alegorías
donde narro este amor, que no se apaga.

Con los años que me quedan
estoy dispuesto a dibujarte mil sonrisas
con la paz que tu buscabas y yo intentaba,
entre las mies de los amigos que te narran
las mil pericias de un Don Juan, que te engalana.

Con los años que me quedan
estoy queriendo yo destruir mis demonios
los gajes de una vida que no causa asombro,
quiero entregarte mis días en tu oprobio
en tu pensar, tu desidia... tus entornos.

Con los años que me quedan,
aun con el desgano que me deja el pasado
con la premura de volver, a ser desgraciado,
quiero intentar tenerte yo a mi lado
aun cuando las arrugas... en mi frente se han quedado.
BLASON

DICEN

Dicen,
que soy poca cosa para la mujer que tengo
que sin tenerla la siento como mi cielo eterno,
que me cohíbo y me arrincono sobre la losa
sin escribirle los versos que ella, aun evoca.

Dicen,
que no te convengo porque estoy quemado

que soy picaflor en los campos de tibio verano,
que las doncellas en mil rincones yo he visitado
y mis palabras fueron cascadas en la ribera enajenada.

Dicen,
que soy la sombra en tus mañanas de verano ardiente
un tímido abrigo en los inviernos que tu les temes,
que soy la hoja que en tu otoño el piso no ha tocado,
que soy mala hierba en tu interminable primavera.

Dicen,
y seguirán diciendo lo que desgarrara tu alma
para amilanarte y te vayas tú de mi humilde morada,
pero llegara el día, en que todos aquellos sin excepción
dirán por las avenidas transitadas, ese es el amor
... que ella esperaba.
BLASON

ESCRIBO PARA TI

Tras bastidores mis versos van conversando
antes de salir al escenario del poema ensayado,
ritual divino que en el corazón va entonando
aquel poeta que con el alma, te sigue hoy amando.

Aun no llega la hora del estreno en fecha pactada
donde mi pluma en un rincón con la rima charlaba,
confidencia misma que el autor le narraba
que era la elegía para la dama, que el tanto amaba.

Siguen los ensayos sobre los cuartetos no definidos
escogiendo las letras sobre el coreógrafo entendido,
queriendo enmascarar las palabras de un alivio
para que no sea contaminado ni el verbo mal escrito.

Tras bastidores continúan aun los versos reunidos
tratando de esconder tímidamente los sentimientos,
hay gente mala que usan las letras sin sentido
y pueden dañar a mi musa, que para ella... son mis escritos.
BLASON

HOY

Hoy, como leve grito silencioso

llega sobre tu lecho un eco maravilloso,
enviándote para tu consuelo
un te amo, tierno y silencioso.

Hoy, entre las olas calmadas
por aquellos días de hinojo,
te envío un susurro que acaricie tu rostro
con delicado matiz y dulce tono.

Hoy, que se escucha muy a lo lejos
los ecos de los enamorados de antaño,
que nos cuidan en los escenarios miles
con aquel amor nuestro reservado.

Hoy, que al iniciar el día en su tímido invierno
llego a mí tu voz como delicado remanso,
calmando la ansiedad de tenerte a mi lado
y la urgencia voraz, de un beso... extraviado.
BLASON

NO TENGO RAZON

No me pidas por piedad
razón alguna a mi lamento,
déjeme hundir puñal en el pecho
y acabar mi vida, que es un deshecho.

No me pidas la causa amigo
que ni yo sé el móvil que me empuja,
solo sé que aquella quedo en la luna
y debo partir al cielo, con mucha premura.

Si, lo sé, me estas tildando de cobarde
un medio hombre que no puede aquí quedarse,
pues, poco me importa lo que tus pensares
digan de mí, sin nada a ellos importarle.

Si, lo sé, mi madre puede llorar lágrimas de sangre
en medio de mis hermanos que quieren aun culparme,
tome el camino fácil y mis manos ya sin pararse
van ingresando en mi pecho y mi aire... acabarse.
BLASON

SI MIS VERSOS HABLARAN II

¡Si mis versos hablaran!
De cuantas lágrimas mi sentir ufano
en medio del motín del querer imaginario,
sobre la huella de un dirigente mercenario
que aniquilo mi fe, en un amor ya alejado.

¡Si mis versos hablaran!
Poca seria la desidia de aquellos lectores
que comentan sobre las ies de mil colores,
sin entender a mi corazón en sus dolores
que se va quejando, en todos los rincones.

¡Si mis versos hablaran!
La de cosas que mis letras en su fondo dirían
si le dieras a atención y no la cortesía vendida,
de saber que con gotas de sangre las líneas escribía
y que mi alma, con sus pedazos, yo componía.

¡Si mis versos hablaran!
Cual sería el destino de mi poesía en este medio
o cuantas manos me alzarían al cielo en loco vuelo,
como gritando hurras por la maestría de mis versos
o como queriendo llevarme al cielo... sin un regreso.
BLASON

ENTENDER QUISIERA

Entenderte quisiera, amiga mía,
que no debo cortejarte cada día
ni intentar robarte un beso mísero
porque herirá tu compasión conmigo
y en el medio de mi inquietud y tu dominio
te alejaras de mi como sombra en el limbo.

Entenderte quisiera pero por más que intento
elevarte o denigrarte a la categoría que te tengo
como simple amiga de mil noches de abolengo
cuando acariciarte y besarte el pecho anhelo
o robarte mil besos en el lecho de aquel puerto
donde ancle mi barca pero se la llevara... el mar muerto.

Entenderte de verdad quisiera amiga mía,
para no entorpecer la amistad de tantos meses
donde reímos, peleamos pos distintos placeres
con la mano en la espalda y los labios con las mieles,

pero estoy amándote en silencio y a tropeles
debo guardar mi amor por no perderte... en los cielos.

Entenderte quiero aunque de querer no se si quiero
por que morirá la esperanza que siempre tengo
de poder o lograr que me ames una noche de invierno
donde no solo sea pañuelo sino el abrigo de tu cuerpo,
pero se que no me amas o no me quieres como quiero
así que fingiré que te quiero pero no... Como te estoy queriendo.
BLASON

SUEÑA

Sueña amiga mía, sueña,
deja que el efluvio de tu sentir
aquel encadenado en tu pecho,
salga como vorágine desde tu lecho
y llegue sobre a tu amado, aunque este lejos.

Sueña amiga mía, sueña,
deja que tus miembros como pétalos
lleguen a sus pies cansados y ansiosos,
con aquel rocío de tus labios presurosos
por un beso largo, delicado y grandioso.

Sueña amiga mía, sueña,
permite que el lector hoy se regocije
sobre las ies y las comas que tú perdiste,
que saboree de tu hiel el llanto que supiste,
disimular con un sollozo, casi invisible.

Sueña amiga mía, sueña,
que sean tus parpados cansados y angustiados
abiertos de par en par en su bello momento,
cuando abriste los brazos y en su sustento
se entregó en cuerpo y alma... en dulce sueño.
BLASON

SE FUE

Se fue,
mas no sabía aquello que narras
como si tu corazón sangrara,

me hiciste llorar con tus luces
de aquella bengala entre sus bruces.

Se fue,
y me has dejado el alma quebrantada
hecho añicos y no sé cuál es la causa,
eres mujer de una bella alianza
no merecías la suerte, que hoy te alcanza.

Se fue,
dejándote herida por los cuatros costados
dejándote el pus de su verbo barato,
llenándote de amarillo tu mirar bello
y arrebatándote la luz en un día siniestro.

Se fue,
si, se fue y quizás el mal sea remedio
la cura puede ser tu mismísimo infierno,
pero tienes el hombro de este amigo ajeno
que será tu paño para secar... el llanto viejo.
BLASON

AGONIA NO DESEADA

¡Están muriendo!
Su aire es poco por decirlo de algún modo
porque su existir se va ya de pronto,
sus pétalos arrugados y caídos sobre el polvo
de aquel jardín abandonado, que no conozco.

¡Están muriendo!
Mas veo en la gente total y rotunda indiferencia
porque poco les importa que aquellas rosas bellas
hayan perdido su color y su presencia selecta
por las manos de un varón, que las inquieta.

¡Están muriendo!
Ya algunas han sufrido el deceso en mis manos
tratando de reanimarla un poco en mis brazos,
vi fallecer a la orquídea y a la margarita de soslayo
quise evitar llorar pero mil lágrimas, han saltado.

¡Están muriendo!
Se le acaba el oxígeno precario a las lilas,

las magnolias y los lirios su agonía van mostrando,
se acaban las flores de este jardín abandonado,
las corrompió el hombre con mentiras... con engaños.

¡Dios, se están muriendo!
Y no hay manera alguna que yo, que yo
... pueda remediarlo.
BLASON

UN CANTO DE LIBERTAD

Se oye el cantar en la distancia
de la mujer que cadenas zafaba
de sus mañanas y tardes paganas
donde sufría y hoy ríe, de buena gana.

Lindas tonadas va dedicando a la vida
la poeta que del cautiverio escribía,
hoy puede hacerlo de su verde que arremetía
sobre los prados de un parque, que lucía.

Sigue cantando querida amiga tu canción
salidas del alma y escritas en el rincón
de aquel corazón que clama su pasión
buscando a su amante, su bello ruiseñor.

Canta, cántale a esta vida tan compleja
que no eres más sal de noches ajenas,
que ahora eres miel sobre panal de las estrellas
donde abundaran las abejas, de mil colmenas.
BLASON

PARA SIEMPRE

Aun cuando en mis ratos de ocio
cuando me invade los pensares penosos
quiero arrancarte y echarte al lodo
pero solo me animo a besarte, poco a poco.

Aun cuando mi pensar difiere un tanto
de aquel ahínco por tenerte en mi calvario,
quiero salvarte y llevarte a un lugar sano
para no contaminarte de mí proceder variado.

¡Ay! Ya no sé qué es lo que quiero en realidad
si a la dama que me entrego su eterna soledad
o a la doncella que me inquieta sin cesar
con suaves versos hechos tal vez a la ligera.

No, no sé que cual será mi accionar diario
después de pensar que nada he logrado,
temo perder lo que nunca he ganado,
o ganar aquello que perdí, sin intentarlo.
BLASON

TE BUSQUE

Te busco,
y por mas llanuras transitadas
por mis calzar que se gasta,
no hallo vestigio de tu alborada
solo la luna que la noto callada.

Te busco,
ensimismado en mis adentros
buscando el porqué de tu lamento,
estarás en un rincón cercano y lejos
donde puedo verte pero tocarte no puedo.

Te busco,
sigo llenando mis ansias de tu sonrisa
de poder yo notarte en la lejana brisa,
te perdí y no te encuentro mi dulce tormento
aunque sé que estas, donde el sol no ha vuelto.

Te busco
y sé que tu paradero es o sabido
por aquellos amigos que siempre te han visto,
te esconden de mi sin saber mi suplicio
la envidia los lleva, a quitarme tu cariño.
BLASON

LLEGARA

Leyendo sobre mi lecho acompasado
al ritmo de un ventilador alocado,
disfruto de tu verso, un llanto controlado

por la ausencia de aquel varón, que has amado.

Siguen mis ojos las líneas ya grabadas
en aquel poema que sangra en su falda,
dije amar en tiempo que aún no pasa
lo sigues queriendo y sientes ya su falta.

Leo y releo con sigilo estrofas acuñadas
en aquel corazón que tu sentir delata,
recuerdos y añoranzas que desgarran
el alma de este poeta que te respalda.

Leyendo me iré a los brazos de Morfeo
tratando de entender tu llanto luego, luego,
pero regálame una sonrisa en lugar bello
y piensa que lo veras, para ti sonriendo.
BLASON

MI ETERNO AMOR

Como pasan los años
aun me parece estar viendo
aquel retrato que añoro,
era yo in ser bisoño
que se enamoro como loco,
te brindo el amor poco
de una niñez, que atesoro.

Como pasan los años
aun tengo en mi retina loca
aquella imagen primorosa,
vestido yo de terno color roca
y tu de vestidito rosadito,
te entregue la rosa en el camino
donde paseamos, siendo niños.

Como pasan los años
hoy el tiempo ya ha transcurrido
y las arrugas han transitado,
tengo el cabello ya blanqueado
y mi respirar más pausado,
tu tienes el cabello recortado
y tu vestido color más agrio.

Como pasan los años
hoy nuestros nietos están corriendo

allá, en el parque de sus ensueños,
sus padres miran con recelo
sus andanzas de colegiales,
nosotros en la banca de los maizales
nos invade la nostalgia, a raudales.

Como pasan los años
recordando aquella rosa primera
donde te declare el amor mío,
son las instancias que hemos vivido
entre los problemas no queridos,
ahora somos dos viejos curtidos
con este sentir engrandecido.

Como pasan los años
rememorando nuestros inicios
en aquel parque tan concurrido,
sellamos aquel sentir divino
con una rosa de su estallido
sombras y luces hemos vivido
pero eterno es el amor
... que prometimos.
BLASON

EL POETA EN SU FAENA

Ahí está el poeta,
labrando sus letras conocidas
de un alfabeto que se critica
la tilde su lugar facilita
Pero la coma entre comillas se omite.

Ahí está el poeta,
tratando de conciliar su verso
con aquel farol de poco fuego,
la luz no permite el apogeo
de aquel verbo, algo travieso.

Ahí está el poeta,
recopilando lo que su mente grafica
con aquel punto aparte que se origina,
la sumilla esta envuelta en lagrima fría
pues llora la pluma, su loca agonía.

Ahí está el poeta,
sin importarle la gramática excelsa

respetando quizás las reglas primeras,
su llanto se escucha en las laderas
y no hay admiración, en sus poemas.

Ahí está el poeta,
algo somnoliento y tal vez cansado
tratando de gustar a lector de antaño,
él va escribiendo lo que se aleja
él va narrando, vida incompleta.
BLASON

ESTAS TAN LEJOS

Estas tan lejos,
mi llamada se pierde sobre torrentes
de aquellas nubes que se sostienen,
de aquellos volcanes que parecen duermen
el eterno sueño... de los que sienten.

Estas tan lejos,
mi voz no llega sobre cielo abrumado
de un gris pasmoso que causa daño,
no hay azul sereno que calme mi llamado
solo las gotas de un rocío... instantáneo.

Estas tan lejos,
quizás no lleguen las rimas entrecortadas
de una señal ajena y equivocada,
se pierden mis líneas entre marañas
de tantas colinas... con sabor a nada.

Estas tan lejos,
quizás se han perdido aquellas palabras
que van escritas en letras de plata,
no hay poesía que sollozo guarda
al estar tan lejos... de tus mañanas.

Estas tan lejos,
quizás no hay recepción en las montañas
donde me hallo cada mañana,
llevare mi voz por las entrañas
de esta máquina que llora... mi ansía.
BLASON

DESEO VERTE

Deseo verte,
mi alma clama tu sonrisa presta
de aquella frescura linda que atesora,
una risita tímida que te coloca
en el álbum lejano de mi aposento
es tu aura mi llanura y mi tormento
es tu recelo la llave de mi amor
... de mi momento.

Deseo verte,
te dejo esta prosa en verde oscuro
en lágrimas negras que cubro y recubro,
me mira la gente con ojos que apuro
de tanto sollozo que prolongo y oculto,
te llamo a lo lejos y yo no procuro
que sea tu voz un reguero de paz
... que descubro.

Deseo verte,
te deja estas líneas vestidas de negro
de un luto extraño que yo no requiero,
recorro mi vista y leo y releo
la loca angustia en que hoy me envuelvo,
te escribo quizás por ver lo que siento
te escribo tal vez porque siento
... que no te veo.

Deseo verte,
mis manos me tiemblan en la lejanía
mis tildes se esconden y no lo fabrican,
le falta el acento que la voz me predica
me falta la coma y el punto que afirma
me olvido quizás de las comillas que ansias
no recuerdo quizás que tu leer
... se agiliza.

Deseo verte,
quítame ya está agonía que no anhelo
esta pasión que se cubre en los cielos,
las gotas de lluvia me dicen en silencio
que lloras por mi en aquel sillón viejo,
me cae el aguacero cuando en ti pienso
no escucho tal vez porque el paraguas

... es mi lamento.

Deseo verte,
escucha este clamor que te llega revestido
en esta pequeña prosa de amor y destino,
escucha mi canto en aquellos sitios
donde anduvimos con tanto cariño,
escucha ya mi voz que se esta extinguiendo
escucha mi corazón que de amor por ti
... esta muriendo.
BLASON

HOY TE SOÑE

Hoy sobre el albor de mi dormitar
en medio de una noche estelar,
soñé con la delicia que me da
aquel beso que solo tu... me sabes dar.

Hoy en medio de ronquidos extraños
de aquellos parroquianos algo huraños,
pude distinguir lo que mi recuerdo atrajo
en pleno sueño de alegría y de relajo.,

Hoy entre habitaciones concurridas
en la ciudad blanca hoy atiborrada,
se viste de gala el dormir de mi esperanza
soñé que tú de la mano... me llevabas.

Hoy entre volcanes majestuosos
en medio de laderas y andenes preciosos,
soñé con aquellos ojos primorosos
que sabían darme la dicha... en pleno enojo.

Hoy en medio de autos y trenes disparejos
con sonidos chillones y bullangueros,
pude descifrar aquel sueño que hoy te cuento
donde pude ver al amor... como un recuerdo.
BLASON

NO DEJO DE PENSAR EN TI

Cuál es la desidia mía de mi lamento
el por qué y el cuándo es lo que intento,

el verte es mi anhelo y lo resiento
el besarte es mi afán... y lo acepto.

Cuál es la medida de mi añoranza
el deseo voraz que hoy se agiganta,
pasan los días y deseo venganza
en un fuerte abrazo y rodear... tu esperanza.

Cual es dime tú el causal de mi tormento
la razón exacta de este ahogo que hoy siento,
unos dicen que es la ciudad de los cielos
mas yo creo que es el no verte... en mi aposento.

Cual amor mío, cual es la respuesta
de tantas preguntas hechas al vuelo,
solo se yo, que eres mi dolo y mi amuleto
solo se yo, que eres mi vida... y mi sustento.
BLASON

CANTE PARA TI

Ante miradas ufanas o algo curiosas
por querer escuchar mi voz quejumbrosa,
solté las notas de la melodía pegajosa
no fue un delirio quizás... fue poca cosa.

Ante furtivos murmullos estaba entonando
la canción escogida de la relación estrenada,
sufrí los estragos de los nervios que atacan
ante tanto curioso que mi voz... apaga.

Ante luces tenues y multicolores
entrecortadas y de muchos rincones,
mi cuerpo temblaba y olvide las menciones
de un ritmo pausado y me fui entre perdones.

Ante aquella mirada de la dama apurada
por darme aquel beso por la canción escuchada,
imagine que era cortes porque de mi voz nada
es quizás el amor que hasta sorda
... la dejaba.

Ante tanta gente de aquel salón que brillaba
por aquellos cantantes que su ansias tocaban,
descubre que lo mío no es letra cantada

me di cuenta al fin que la poesía... es mi alianza.
BLASON

PARTIDO EN DOS

No sé quién soy,
si soy aquel bate que desgreña sus letras
entre rimas y prosas algo suculentas,
o soy el varón que reniega en su fiesta
de saberse tan lejos de la dama... que anhela.

No sé quién soy,
si aún soy aquel poeta que deletrea las ansias
de aquellas mujeres que mis letras abrazan,
o soy aquel caballero que le llora a la niña
que dejo a lo lejos por labores malsanas.

No sé quién soy,
si aún sigo siendo Blasón con furor en sus odas
que le canta al amor en sus formas que adora,
o soy aquel sujeto que su amor le devora
como consume aquel sueño que provoca
... a cada hora.

No sé quién soy,
mi identidad he perdido aquí en la distancia
de saberme añorado quizás no me basta,
soy quizás el poeta que a su mujer idolatra
soy tal vez aquel hombre que sin verla
... no canta.
BLASON

SI SUPIERAS

Si supieras...
Hoy te hable en letras cursivas
de un alfa u omega que la maquina escogía,
me importaba muy poca la clase elegida
solo el mensaje que dé a pocos... escribía.

Si supieras...
Lo que quise contarte de mi apuro inmediato
de querer encontrarte en el paradero anhelado,
son quizás los kilómetros que habré olvidado

o es más fuerte el deseo... de saberme a tu lado.

Si supieras...
Lo que quise decirte entre palabras medianas
entre el breve receso que a tu labor dabas,
preferí callarme y mi tristeza guardaba
sobre llave perdida en el clamor de mi alma.

Si supieras...
Como llora mi alma en la distancia
de saber que me extrañas apuraba mis lágrimas,
te escribí entre sollozo y mirada extraña
te escribí un "te amo" delicado y precioso.

Si supieras...
Porque he de callar mi voluminosa desgracia
de extrañarte como te extraño mi rosa precisa,
aun escucho tu voz dulce y melancólica
como si tu aun, por mí... lloraras.

Si supieras...
lo que digo en mis versos revestidos y opacados
de una hipocresía que halle a mi lado,
he reído hasta el cansancio con tus bromas ufanas
mas lloraba por dentro por que a ti
... te extrañaba.
BLASON

TE LLORE

He llorado noche y día
mas no es mi intención incomodarte
ni echarte la culpa por mis avatares,
he sido egoísta de pensar en mis aires
sin pensar en tus cosas que dilatan tus ansias.

He llorado noche y día
porque aun mi alejamiento no comprendía
ni las razones que dejaste sobre mi silla,
mis lágrimas sabían a la más pura melancolía
de saber que sufrías por tus cosas no dichas.

He llorado noche y día
y es más fuerte el anhelo de saberte tan mía
de escuchar solo de mi y olvidar tus pesquisas

hoy me puse a llorar por aquello que abrigas
y me siento impotente de saberte... en mil giras.

He llorado noche y día
mas no se si me entiendas en palabras escritas
o tal vez haz de pensar que son algo escogidas,
pero al mencionar tus giras eras causas ungidas
de aquellos afanes que en tu casa... habitan.

He llorado noche y día
mas no pierdo la esperanza que la sal de consuma
y me llegue la miel de tus besos que envías,
olvidare la distancia en que hoy asistía
pensare que tu estas a mi lado... amada mía.
BLASON

DE QUIEN ES LA CULPA

No sé,
a quien echaremos la culpa inmediata
de saberme desgraciado y no ver a mi amada,
es quizás la necesidad que disfraz hoy llevaba
o tal vez al miedo de saberte... alejada.

No sé,
a quien se le atribuya la culpa ansiada
cual será el pretexto que apague mi ansía,
es quizás la agonía que cubre mi voz grave
es tal vez el recuerdo que a mi cuarto... traslade.

No sé,
yo creo que es más grave buscar al indicado
de saber quién fue, o quien me ha infringido,
este horrible dolor que cubrió mi destino
de un gris majestuoso como el cielo... vivido.

No sé,
no me interesa quizás hallar al culpable
de tanto lloro que no seque mis lugares,
solo quiero afirmar que me dañe sobre baldes
de tanta lagrima que me dejo... el dejarte.
BLASON

NO HAY TEMOR

Por qué habría de temer
si de tus manos delicadas,
me envías deliciosas guirnaldas
en formas de corazón... y esperanza.

Por qué habría de temer
si me dejas mensaje discreto,
despierta el sentir en mi apogeo
levantas de mi... aquel fuego.

Por qué habría de temer
que razones tendría en mi albedrio,
despierta mi alma de su martirio
hallo en ti, la paz... y el suspiro.

Por qué habría de temer
si en mis versos van dedicados,
a la poeta que me dejo embelesado
dulce embeleso... en mi ha quedado.
BLASON

SIGO ENAMORADO

Aun cuando el día me pasa esquivo
tratando de olvidarla y no lo consigo,
sigo pensándola, añorando su camino
y me invade la pena, en día domingo.

Aun cuando la noche susurra su nombre
tratando de arrojarla por otros rincones,
la tengo tan dentro que mis interiores
esperan la hecatombe del adiós misericorde.

Aun la tengo latente en mi pensar quieto
tratando de menguar mi llanto discreto,
aparece su rostro mientras loco e inquieto
voy quitándome la piel, donde está su recuerdo.

Sigo amándola aunque me vaya mintiendo
que podre yo vivir sin su reír placentero,
sigo queriéndola, adorándola en silencio
mientras le finjo un reír, que compre sin remedio.

Si, aun la amo y la amare mientras yo viva
porque no es un amor que de fácil se olvida,
han pasado semanas junto a meses que opinan
que llegara mi final y en mi agonía
... extrañare su sonrisa.
BLASON

QUIERO INTENTARLO

He venido pensando con delicadeza
con sumo cuidado y razones expuestas,
anhelo pedirle que me conceda la pieza
de un baile eterno, que empezó en las estrellas.

He venido intentando decirle o rogarle
que no descarte siquiera un regresar pensado,
pero es más el temor de un no acordado
y que rompa en pedazos, del corazón su reclamo.

He tratado y aun deseo intentar con pericia
aquellos errores que tu adiós fue premisa,
pero siento la lejanía en tus palabras vertidas
y ahora soy solo el amigo que ansiaba de niña.

He pensado lo que por cobardía voy callando
de pedirle la oportunidad que aun va negando,
pero ya se la respuesta y es tal lo que va minando
que ya el poeta, su final póstumo... va declamando.
BLASON

YA NO LLORES MAS CORAZON

¡Ya no llores corazón!
Que sea tu sal echada del tiempo
donde día a día dejas sustento,
calamidad infinita dejada a destiempo
otorgándote el llanto, el duro tormento.

¡Ya no llores corazón!
No quiero angustias en mitad del sueño
donde imagino tenerla en canto sereno,
se pierde su rostro y mi sufrir con empeño
se aferra a mi pecho, viviendo un infierno.

¡Ya no llores corazón!

Que es mas el rocío que me depara
todo día en su inicio y al final de la nada,
voy corriendo y ni un salmo repara
la dolorosa lección, de infinita charada.

¡Ya no llores corazón!
Que este sufrir no es ninguna bendición
que me ahoga en silencio sin compasión,
quiero la calma pero me niega la razón
el intento absoluto, de mi triste canción.

¡Ya no llores corazón!
Que no soportare el invierno vecino
ni el tímido otoño que retrasa su inicio,
ya no habrá primavera y me empecino
a retardar este verano, que me llevo al desquicio.

¡Ya no llores corazón!
Ya no arrojes mas lagrimas al piso cercano
inundando de lastima los pasos lejanos,
deja ya de llorar y estrechando mi mano
apagare tu latir, y se mudaran nuestros cantos.
BLASON

SI TU ME NEGARAS

Si tú me negaras,
la oportunidad de vencer mis fallas,
de encaminar mis pasos sobre la calzada,
seria torcido mi andar y la leve esperanza
se morirá en el mar, donde ahogan mi alma.

Si tú me negaras,
la oportunidad de vivir nuestro amor
entre bambalinas y los confites de Dios,
seria inmediato mi sufrir y mi llorar
sin tener que apurarme, mi reír ya no habrá.

Si tú me negaras,
el poder yo amarte con todas mi ansias
con el corazón en la mano y metas trazadas,
no habrán nuevas metas y mis carreras logradas
serán solo quimeras, ilusiones... baratas.

Si tú me negaras,
a construir de nuevo lo que derrumbe una mañana

con mi accionar mezquino y locas bravatas,
se derrumbara mi vida como las torres pasadas
y no existirá vigilia, que calme un poco... mi desgracia.

Si tú me negaras,
¡Ay amor mío! Si tú me negaras hoy
no habrá para mi... una nueva mañana.
BLASON

SI EL DIA TUVIERA...

Si el día en su benevolencia
pudiera concederme más tiempo
pues anhelo en el contexto
imaginar con ahínco a mi doncella.

SI Pudiera él en su misericordia
hacerme una extensión necesaria,
pues habita en mi alma acalorada
tanto amor para mi dulce amada.

Si el día tan solo pudiera
ampliar los minutos ya sabidos,
regalarme por un día requerido
el pensarla más, en su miel y hastío.

Dale pues respuesta a mi plegaria
y entrégale al día mas horas mi señor
porque poco puedo en lo que hay hoy
el tenerla presente en mi interior.

Si el día tuviera más horas amor mío
podría pensarte lo que dejo en reserva
para que no se pierda en las estrellas
los tantos sueños tuyos y míos... de novela.

¡Ay mi Dios! Si tan solo el día tuviera
aquel superávit que mi alma ansia,
se encerrarían los siglos en una semana
y en un mes tal vez... por el infinito amarla.
BLASON

TE RECUERDO

Aun te recuerdo,
han pasado cuanto, dos años?

Es poco lo ya transcurrido
para un sentir como el mío
aun cuando hubo despido
sigo siendo tuyo, este corazón
... que tiene tu cariño.

Aun te recuerdo
y son minutos los meses
como son segundos los años
de aquel adiós tan escaso
por que siendo mi mayor fracaso
es el mejor logro ganado
por pensarte, tanto tanto.

Aun te recuerdo
y no me arrepiento de aquello
que siendo doloroso lo acepto
como la cruz que llevo en mi pecho,
solo se que te llevare tan lejos
cuando logre habitar el abismo
o el umbral de bello cielo.

Aun te recuerdo,
si, te recuerdo como la primera,
la primera vez que logre yo verte,
verte sobre las calles silentes,
silentes para escuchar tu pisar fuerte,
fuerte fue la impresión de conocerte,
conocerte fue lo mejor... que pudo sucederme.

Aun te recuerdo,
y sabes que amor mío?
te recordare siempre... siempre.
BLASON

Printed by Books on Demand GmbH, Norderstedt / Germany